低年齢児の発達に合わせて考えられる

0・1・2歳児の運動会プログラム集

盛り上がる実況マイク中継の文例満載!!

わたなべ めぐみ・著

ひかりのくに

はじめに

0・1・2歳児の運動会プログラム集

　運動会は文字どおり運動がテーマの行事です。元気に体を動かすことの気持ちよさを味わう、それが運動会の本来の意味と言えるでしょう。

　運動会には、0・1・2歳児の小さなお友達にも、無理なく楽しく参加してほしいものです。例えば午前中のひとつだけ、大人といっしょのプログラムに出て、

「こんなにあんよがじょうずになった！」　…0歳児
「走れるのね」　…1歳児
「もう、こんなに速く走れるんだね！」　…2歳児

などと、保護者と保育者がいっしょに、改めて子どもの成長を喜び合えるといいですね。

　子どもたちにも、そんなふうに喜んでもらえたり、いつもと違う楽しい雰囲気の中で、みんなと過ごす経験を味わってほしいと思います。

　運動会だけでなく、ふだんの低年齢児保育にも本書を生かし、保護者にも楽しんでいただければ幸いです。

わたなべ　めぐみ

本書の特長

0・1・2歳児の運動会プログラム集

特長 1
0・1・2歳児の発達に配慮した、簡単で楽しい運動あそびを中心に構成したプログラムです。

特長 2
運動会だけでなく、ふだんのあそびとして楽しめます。練習もほとんど不要です。保育参観・保護者参加などの機会に、保護者にもいっしょに楽しんでもらえます。

特長 3
『保育者の実況マイク』のコーナーを設けています。低年齢児のプログラムが盛り上がるかどうかは、マイクを握る保育者次第です。子ども（親子）の紹介、実況、発達への配慮＝ねらいなどを盛り込んだ、運動会の雰囲気を楽しく盛り上げる文例を紹介しています。

特長 4
各競技ごとに、単に進め方を紹介するのではなく、
- スタンバイ・用意・準備
- 発達メモ・ねらい（実況マイクに盛り込むとよいでしょう）
- 遊び方・進め方
- 保育者の実況マイク
- ポイント＆ヒント（裏ワザメモ）

など、イラストもあわせて掲載していますので、何を使って、何のために、どのようにすればよいかが、保護者にもよく分かるようになっています。
※子ども・保護者・保育者の信頼関係を築いていくきっかけになります！

もくじ

0・1・2歳児の運動会プログラム集

はじめに……………………………………… 2
本書の特長…………………………………… 3

0歳児さんと運動あそび……… 6

おすわり・はいはいのころ
きみこそスターだ！………………………… 8
<small>母をたずねて2メートル</small>
ちび我が子の冒険…………………………… 10
アリさんの大冒険…………………………… 11
カンガルーの親子…………………………… 12
ママとドライブ……………………………… 13
はらぺこあおむし…………………………… 14
魔法のじゅうたん…………………………… 16
ちびっこダービー…………………………… 17

たっち・よちよちのころ
おむすびころりん…………………………… 18
よちよちロボット…………………………… 20
のりものだいすき…………………………… 21
めざせ竜宮城………………………………… 22
きかんしゃシュッポッポ…………………… 24
おさんぽだいすき…………………………… 26
<small>みんなで踊ろう　まねっこあそび</small>
ひら　ひら　ひら…………………………… 28

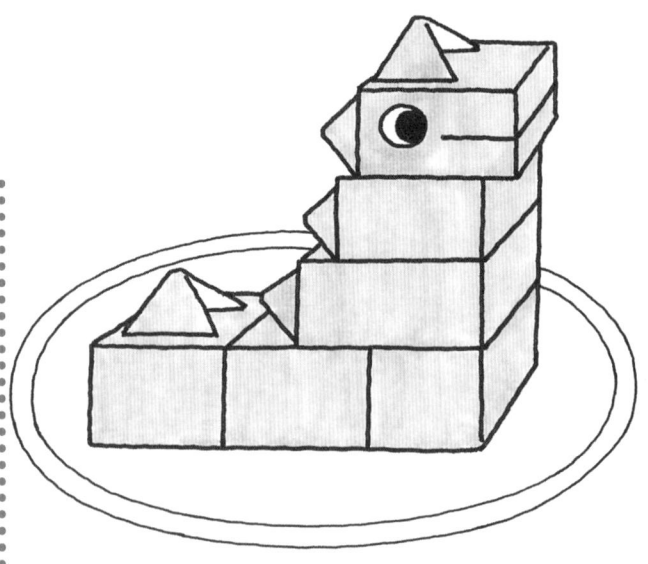

1歳児さんと運動あそび …… 30

前半のころ
おつかいありさん…………………………… 32
がんばれ　かたづけマン…………………… 34
どうぶつ変身パレード……………………… 36
ボールはどこだ？…………………………… 38
がんばれゴミ収集車………………………… 40

■本文イラスト／伊東美貴・やひろきよみ・荒木愛子　■楽譜浄書／福田楽譜

もくじ

0・1・2歳児の運動会プログラム集

2歳児さんと運動あそび …… 54

前半のころ
- がんばれ、きゅうきゅうしゃ …… 56
- まてまてしっぽとり …… 58
- 野こえ山こえ大冒険 …… 60
- ありさん親子のあめ玉リレー …… 62
- ぱたぱたシンデレラ …… 64
- 3びきのこぶたの レンガのおうち …… 66

後半のころ
- がんばれキャタピラー …… 68
- ペンギンのたまご落とし …… 69
- ジャイアントパンツ …… 70
- たからじまにわたれ！ …… 72
- ジャンボサイコロ競争 …… 74
- パズルでドンピシャ！ …… 76
- たまごサンド …… 77
- みんなでくりひろい …… 78
- 気分はJリーガー …… 79

後半のころ
- リクエストかけっこ …… 42
- いいもの　でてこい！ …… 44
- のりまき出前競争 …… 46
- お花をつんでプレゼント …… 48
- ボールの引っ越し …… 50
- 積んでくずしておおいそがし …… 52

■編集協力／石川　正・谷口　馨（有限会社ワーズ）■編集／安藤憲志・佐藤恭子

0歳児さんと運動あそび

♡◆□●◇♡♡◆□●◇♡◆□●◇♡♡◆□●◇♡♡◆□●◇♡♡◆□●◇♡

ひとつひとつのプログラムに入る前に、今一度、0歳児さんのことを思い浮かべながら、目を通しておきましょう。
だれのためのプログラムか、思い出してね！

♡◆□●◇♡♡◆□●◇♡◆□●◇♡♡◆□●◇♡♡◆□●◇♡♡◆□●◇♡

心が動くと体も動く

子どもがハイハイをするのは、心が動くときです。興味のあるものを見つけたり、大好きな大人の後を追ったり、何かおもしろそうなことを探すために動きだすのです。0歳児の運動あそびには、子ども自身が「動きたい」と思うような、楽しさが必要です。

『あれは何だろう？
そばに行ってもっとよく見たいな。
さわりたいな』

『ママ、どこに行ったのかな？
あっ、いたいた。よーし、
あそこまで行ってみよう！』

いっしょだから楽しい！

0歳児の運動あそびは、大人との信頼関係が大切。いつも見ていてくれる。いつでも抱きしめてくれる。そんな大人がそばにいれば、子どもは安心して動けるし、新しいことにもチャレンジできます。いっしょだからこそ楽しいのです。

『ちょっとこわいなぁ…。
でも、ママがいっしょだからだいじょうぶだよね』

気分は一心同体

「おんぶやだっこばかりでは、運動にならないのでは…」と思うかもしれません。でも、大人といっしょに走ったり跳んだりすることで、いつもとは違うスピード感や躍動感を体験できます。その楽しい体験が「もっと動きたい」という気持ちにつながります。

『うわーっ、風がほっぺに当たるよ。走るっておもしろいね』

『ママといっしょにジャンプしてると、自分で跳んでるみたいで、いい気持ち』

『あっ、ぼくの大好きなおもちゃだ。ちょうだい』

『パパの背中って、ゆらゆら揺れて楽しいね。ずーっとこのまま、のっていたいな』

『見て見て、ほら、ぼく、じょうずでしょ。』

『ママ、わたしがんばったよ。だからいっぱいだっこしてね』

0歳　おすわり・はいはいのころ

きみこそスターだ！
パレード＆プレイタイム

■ スタンバイ　用意するもの
- ブルーシート（3×5mくらい）1枚
- おもちゃ＆遊具（ふだん保育室で使っているもの）
- 目印のリボン（色違いで人数分）
- ベビーカー・散歩カー

■ スタンバイ　準備すること
- パレード、プレイタイムそれぞれのＢＧＭを準備します。
- ※パレードのおすすめＢＧＭ「ミッキーマウスマーチ」「おもちゃのチャチャチャ」
- ※プレイタイムのおすすめＢＧＭ「童謡メドレー」など、ふだん聞きなれている曲

● 発達メモ・ねらい ●
①ひとりひとりの子どもの姿を、みんなに見てもらい、成長を喜び合うのがねらいです。
②パレードには、親子で参加します。我が子のかわいさをアピールしてもらいましょう。

● 遊び方・進め方 ●
①園庭中央にブルーシートを設定します。ブルーシートの上には、ふだん保育室で使っているおもちゃや遊具を置いておきます。
②親子は、だっこで入場。ＢＧＭに合わせてトラックをパレードします。保育者が先導します。
③トラックを一周したら、ブルーシートの上で自由に遊ばせましょう。もちろん保護者もいっしょです。
④遊んでいる姿を見てもらいながら、個々の子どもの成長のようすを紹介します。
⑤全員の紹介が終わったら、保護者がだっこして退場します（遊び時間は５～１０分程度が目安です）。

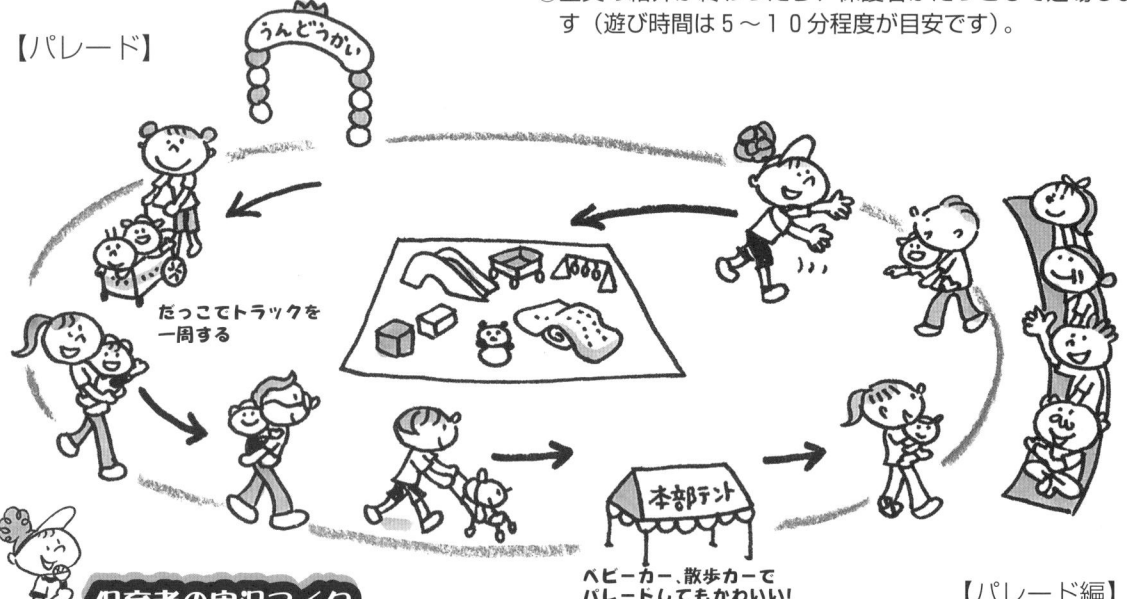

【パレード】／【パレード編】

保育者の実況マイク
パレード時の紹介は簡潔に！　名前と年齢プラスその子のチャームポイントが基本です。仲良しどうしや同じ遊びが好きな子をいっしょに紹介すると、ふだんのようすや人間関係を伝えることができます。ただし、発達段階には個人差があります。どうしても同じ月齢どうしは比べられがち。紹介はあえて別々にしましょう。
- 「すてきな音楽にのって登場したのは、一番小さい○○組のお友だちです。先頭の赤いリボンは○月生まれの△△くん。△△くんの笑顔は100万＄。癒し系のアイドルです」
- 「ベビーカーにのって登場したのは、５月生まれの△△くんです。どんなに機嫌が悪いときでも、ベビーカーにのればニッコニコ。将来はＦ１レーサーかも」
- 「散歩カーのふたりは、６月生まれの△ちゃんと７月生まれの○くんです。ふたりは絵本が大好き。いつも仲良く並んでページをカミカミしています」

ポイント＆ヒント（裏ワザメモ）
- 目印のリボンは、帽子や背中につけると観客から見やすく、子どもも嫌がりません。
- 散歩カーやベビーカーに乗ってパレードしても楽しいです。

【プレイタイム】

※説明のイラストは誌面の都合上、距離感・形状などが
実際とは異なります。あくまで目安としてお考えください。

保育者の実況マイク

【プレイタイム編】

プレイタイムの実況マイクは、生ライブ感覚。子どもの動きをよく観察して、見どころをタイムリーに紹介しましょう。

- 「○○ちゃんのはいはいは、うしろに進むバックはいはいですね。うしろを振り返っています。□□ちゃんのはいはいはおしりを上げた"高ばい"です」
- 「すべり台で遊んでいるのは○ちゃんです。まだ自分で階段を上れないので、だっこでのせてもらっています。最近、すべり台につかまってたっちができるようになったんですよ」
- 「△くんはボールが大好き。目の前をコロコロッと転がしてあげると、うれしそうに追いかけていきます。ボールのおかげではいはいがスピードアップしました」

（裏ワザメモ）

●プレイタイムのBGMは、できるだけ"いつもの保育室"の雰囲気づくりをしましょう。●いつもと雰囲気が違うため、何もしない子もいます。観客に「無理をさせてはかわいそう」という印象を与えないように、保育者がそばに行って遊びを誘うようにしましょう。ひとりぼっちにしてはダメ。●年長組にいっしょに遊んでもらうと、緊張感がほぐれます。

0歳
おすわり・はいはいのころ

母をたずねて2メートル
ちび我が子の冒険
障害物競争ハイハイバージョン

● スタンバイ　用意するもの
- マット2〜4枚 ●ソフト積み木（直方体の小さいもの＝ガードレール用）各種たくさん（●ブルーシート）

● スタンバイ　準備すること
- 園庭中央にマットを置きます（ブルーシートを敷いてもよい）。
- ソフト積み木のガードレールはマットの上に平行に固定します。
- 間に障害物用のソフト積み木を置きます（固定しない）。

※説明のイラストは誌面の都合上、距離感・形状などが実際とは異なります。あくまで目安としてお考えください。

● 発達メモ・ねらい ●
①はいはいは、腕の筋力アップや呼吸器機能の発達に効果的。知的好奇心も広がります。
②「動きたい」という子ども自身の意志が大切。無理強いしてはダメ。

● 遊び方・進め方 ●
①コースの一方に子どもをスタンバイさせ、反対側から保護者が「おいでー」と呼びかけます。
②障害物があるので「ぶつからないでね」「こっちだよ」など、言葉で誘導します。
③子どもがそばまできたら、抱き上げて"たかいたかい"をします。

保育者の実況マイク

ついつい"がんばれ"という言葉を連呼しがちです。温かく見守る雰囲気を表現しましょう。実況マイクの子どもへのことばがけや関わり方は、競技中の保護者はもちろん、観客にも参考になります。

- 「大好きなパパやママと、ちょっとの間お別れです。早く会えるといいね。ちっちゃくても元気いっぱいの○○組さんは、じゃまものなんてへっちゃらですよ」
- 「あれぇ、慎重派の○ちゃんは、ちょっと考えています。○ちゃんママ、もっと前に出て呼んであげるといいですよ。○ちゃーん、ほーら、ママが呼んでるよ」
- 「あっ、すごいすごい。△ちゃんはガードレールも乗り越えて進んでいきます。あっという間にママとご対面。これは新記録かもしれません」
- 「マイペースの△くんに、パパは苦戦しています。△くんパパ、あせりは禁物ですよ。笑って笑って。△くん、見てごらん。パパが待ってるよー」

ポイント＆ヒント（裏ワザメモ）
障害物やガードレールを警戒して進まない子もいます。そういうときは、そばに寄って誘導しましょう。実況マイクの例文のように保護者に呼びかけるのもいいでしょう。

0歳
おすわり・はいはいのころ

アリさんの大冒険
障害物競争ハイハイバージョン

● 発達メモ・ねらい ●
① まっすぐにゴールを目ざす子ども、途中の障害物に興味を示す子どもなど、それぞれの個性が出ます。
② ゴールインすることや、速さを競う種目ではありません。それぞれの奮闘ぶりに声援を送りましょう。

● 遊び方・進め方 ●
① 子どもをスタートラインにスタンバイさせます。
② 保護者はゴールで待機。言葉（「おいでー」「○○ちゃーん」）や音（拍手、楽器）で誘導します。
③ ゴールしたら、だっこして"たかいたかい"をします。

スタンバイ　用意するもの
- ブルーシート（3×5m）1枚
- ソフト積み木（各種）● マット
- ぬいぐるみなどのおもちゃ

スタンバイ　準備すること
- ブルーシートの上に、ソフト積み木（各種）や、マットのお山、ぬいぐるみを設置してミニサーキットを作ります。子どもの月齢や個人差に合わせ、難易度を考えます。

保育者の実況マイク
子どもの動きだけでなく、ゴールでやきもきする保護者のようすも実況中継しましょう。
- 「あっ、○○ちゃんはぬいぐるみにはまったようです。動きません。おかあさんは必死に叫んでいますが、大物の○○ちゃんはマイペースです」
- 「△ちゃんは、マットのお山に向かっています。うまく乗り越えられるでしょうか。あれっ、止まりました。どっちに行こうか迷っているようです。おかあさん、大きな声で呼んであげて。△ちゃーん、おかあさんの声が聞こえるかな」
- 「□くんは大好きな積み木のそばから動きません。□くんはうれしそうなんですが、おかあさんは困っています。□くんママ、タンブリン誘導するといいかもしれませんよ」

ポイント＆ヒント
（裏ワザメモ）
制限時間を決めておき、「あと何秒」とアナウンスするとドキドキして盛り上がります。人数が多い場合は、ふたりずつスタートしても楽しいでしょう。

0歳

おすわり・はいはいのころ

カンガルーの親子

親子競技

● スタンバイ　用意するもの
- ●マット ●カラーフープ（1組1本）
- ※5メートル四方くらいのブルーシートを敷いておき、その上で行ないます。

● スタンバイ　準備すること
- ●カンガルー帽子を作ります。いつものカラー帽子にフェルトで耳をつけます。ジャージーなど伸縮性のある生地で帽子を縫ってもよいでしょう。

帽子の作り方
① 生地を裁つ。（本体2枚／2枚ずつ）
② まわりを縫う。
　※本体を縫うときに、耳をはさみこんでもよい
③ 裏返して耳を縫いつける。

● 発達メモ・ねらい
① 親子競技のねらいは、一体感を楽しんでもらうこと。無理のない内容を工夫しましょう。
② いつもと違う雰囲気にとまどうのは成長のしるし。保護者のプレッシャーを和らげましょう。

● 遊び方・進め方
① スタートからA地点までは、親子いっしょにはいはいしていきます。
② A地点からB地点までは、だっこしてピョンピョン"カンガルーとび"で進みます。
③ B地点（カラーフープ）で、"たかいたかい"を3回します。
④ そのままだっこしてゴール。

※説明のイラストは誌面の都合上、距離感・形状などが実際とは異なります。あくまで目安としてお考えください。

保育者の実況マイク

親子のほのぼの感が、観客に伝わるような温かいことばがけが大切。ふだんのようすを織り交ぜるとgood。
- ●「ママといっしょが大好きな○○ちゃんですが、はいはいはママをおいてきぼりですね。○○ちゃん、速い速い。ママもがんばれー」
- ●「□ちゃんは、最近、つかまり立ちができるようになったんですよ。でも、動くときはやっぱりはいはいが速い速い。きょうはママといっしょでうれしそうです」
- ●「△くんと△くんママは、カンガルーとびエリアに入りました。ポケットがないから、落とさないようにしっかりだっこしてね」

ポイント＆ヒント（裏ワザメモ）
●おそろいの帽子がポイント。ふだんから保護者といっしょにかぶって慣れておきましょう。●カンガルーとびをするとき、月齢の低い子は、大人が片手で子どもの頭を支えるとジャンプしやすいです。●だっこをおんぶに変えれば、"コアラの親子"になります。"たかいたかい"は月齢に合わせて回数や高さを加減しましょう。怖がらせてはダメ。

ママとドライブ

親子競技

0歳 おすわり・はいはいのころ

スタンバイ　用意するもの
- ブルーシート（3×5m）1枚
- マット ● カラーフープ

スタンバイ　準備すること
- 段ボール板でハンドルを作ります。

ハンドルの作り方

① 段ボール箱を切り開く。

② 丸く切り抜き、車のハンドル型に切り込みを入れる。

③ 乳児がなめてもいいように、黒い布やリボンを巻きつける。

※説明のイラストは誌面の都合上、距離感・形状などが実際とは異なります。あくまで目安としてお考えください。

● 発達メモ・ねらい ●
① スキンシップを楽しみながら、運動機能を高めるあそびです。ふだんの生活にもおすすめ。
② 大人がしっかり支えることで、安心感を与え、体を動かす楽しさを実感させましょう。

● 遊び方・進め方 ●
① 保護者が子どもを抱いて座り、おしりと足でシートの上を前進します。ハンドルはひもをつけて子どもの首にさげます。
② A地点に着いたら、子どもははいはい。ハンドルははいはいのじゃまなので、首からはずします。保護者は誘導します。
③ B地点からは、子どもの足をしっかり持って"おさるのブランコ"で歩きます。
④ C地点で"だっこしてギュッ"。そのままだっこでゴールします。

保育者の実況マイク

親子の息の合ったところをアピールしましょう。運動不足の保護者にはハードな内容です。ねぎらいの言葉も忘れずに。
- 「○○ちゃんは安全運転ですね。ハンドルさばきも鮮やかです。ママ自動車もがんばってますよ」
- 「△ちゃんはバックはいはいなので、誘導するおかあさんも大変です。でも、ちゃんと振り返って確認しているところがすごいでしょ。さすがは△ちゃんです」
- 「ちょっと危なそうに見えるおさるのブランコですが、子どもたちの大好きなあそびなんですよ。ほら、みんなうれしそうでしょ。でも大人は大変。筋肉痛に気をつけてくださいね」

ポイント＆ヒント（裏ワザメモ）

● "おさるのブランコ"は、平衡感覚を養う運動ですが、慣れないと危ないので、ふだんから楽しんでおくとよいでしょう。力持ちのパパにおすすめです。●その他のあそびもふだんからできるものなので、クラス便りなどで、事前に保護者に紹介しておきましょう。● "だっこしてギュッ"は、目と目を合わせてしっかり抱きしめることが大切です。

0歳 おすわり・はいはいのころ

はらぺこあおむし
親子競技

● 発達メモ・ねらい ●
①大人の声による誘導でパネルをくぐるというあそびは、認識力や集中力を育てます。
②子どもの成長を"アオムシの成長"に見たてたストーリー仕立てです。みんなで成長を喜び合いましょう。

● 遊び方・進め方 ●
①子どもは保育者がスタート地点に連れていき、保護者はパネルを持って待機します。
②スタートの合図で、保護者は子どもをパネルまで誘導します。例「アオムシ○○くん、こっちよー」「ここまでおいでー」
③パネルをくぐれたら、シートのはしに置いてある羽根を安全ピンで子どもの背中につけます。
④そのまま"スーパーマンだっこ"でゴールまで走ります。

スタンバイ 用意するもの
●ブルーシート（3×5m）1枚

スタンバイ 準備すること
●食べ物パネルとチョウチョウの羽根とアオムシ帽子を作ります。食べ物パネルは、ブルーシートの上に点在させ、チョウチョウの羽根は、シートのはしに置きます。

作り方

【食べ物パネル】
①段ボール板に食べ物の絵をかき、切り抜く。

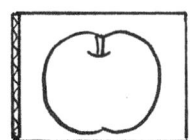
切り抜く

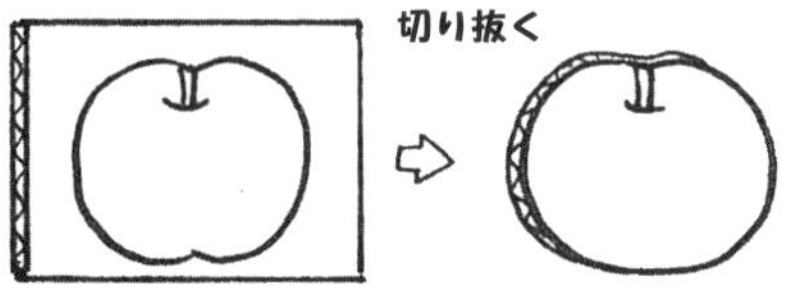

②子どもが通り抜けられるサイズの穴を開ける。

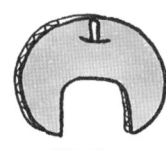 リンゴ　 イチゴ　 ケーキ

その他、子どもの好きなものを!

【チョウチョウの羽根】
①不織布を羽根の形に切る(2枚)。

切り抜く

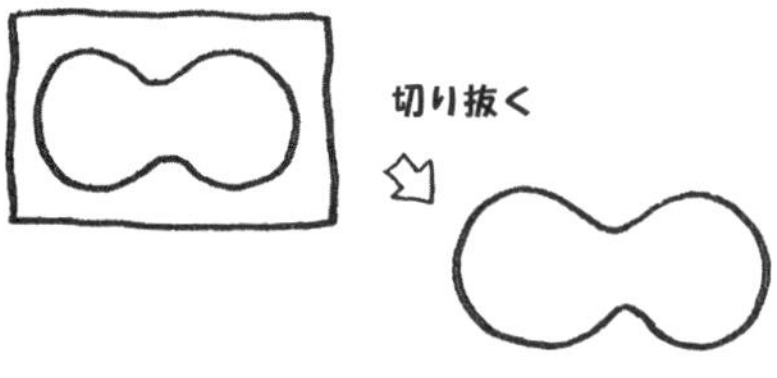

②間に綿をはさんで2枚を縫い合わせる。

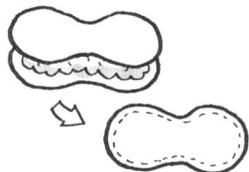
綿が多すぎるとモコモコするので注意

③羽根に模様をつける。

カラー不織布をはってもよい

【アオムシ帽子】
①ふだんかぶっている帽子に、モールを、カラー布テープ（花の形に切ったもの）ではって触角を作る。

横から見た図。反対側も同じ

②触角の先に発泡ボールか、丸めたホイルをつけるとかわいい。

前から見た図

保育者の実況マイク

子どもがパパやママの声を聞き分けて、パネルまでたどり着けるか、はらはらドキドキするゲームです。かわいいパネルやコスチュームにも注目してもらいましょう。

- 「アオムシ○○くんはあっという間にリンゴを食べてチョウチョウに変身です。どんなチョウチョウかな?」
- 「アオムシ□ちゃんは、ケーキのパネルに向かっています。でも、ママはイチゴパネルを持って呼んでいます。困ったねえ。あっ、□ちゃんママ、パネルを持って移動を始めましたよ」
- 「△ちゃん、速い速い。ほんとうにスーパーマンみたいです。手も足もピーンと伸びていてかっこいい」

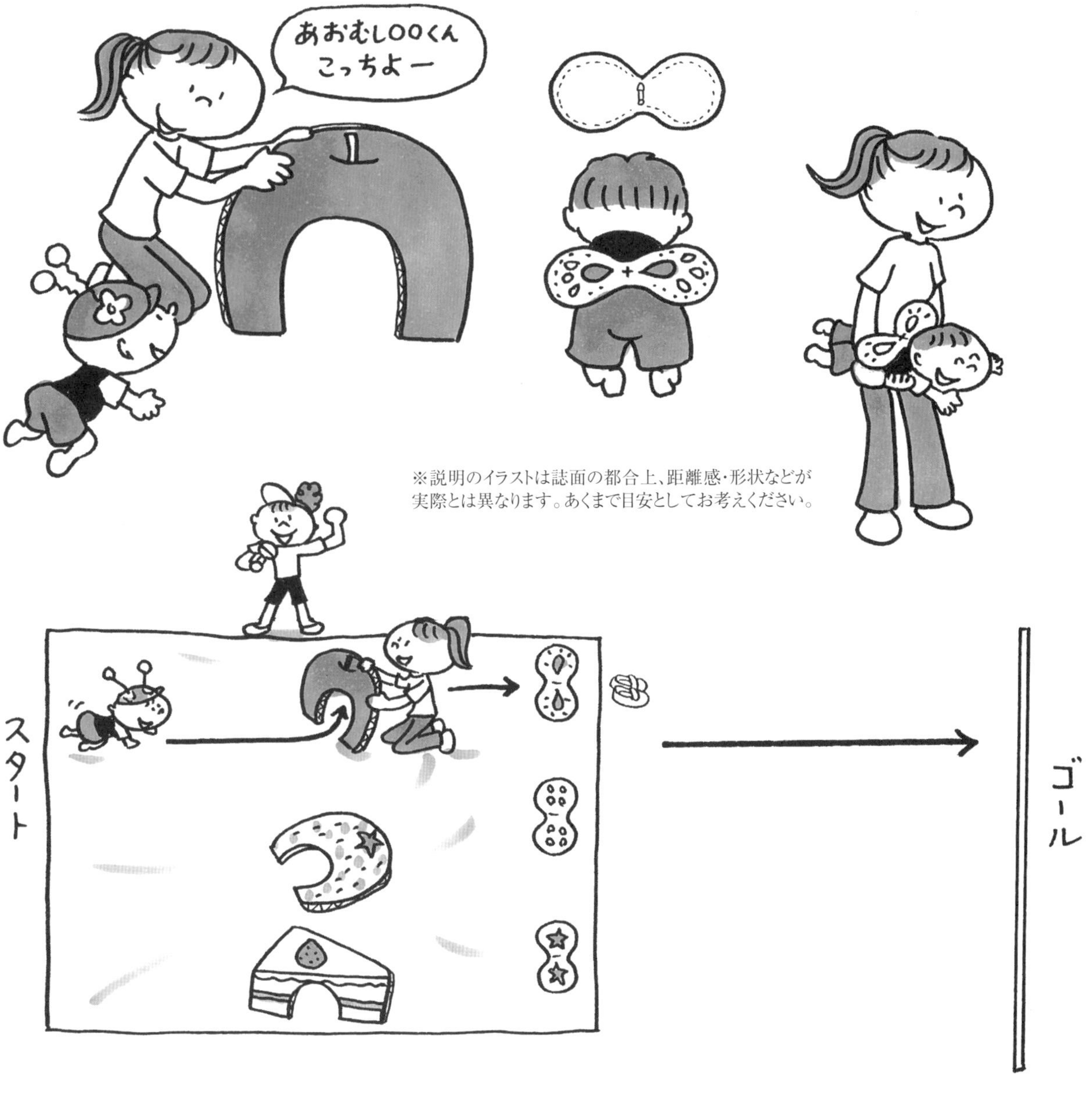

あおむし○○くん こっちよー

※説明のイラストは誌面の都合上、距離感・形状などが実際とは異なります。あくまで目安としてお考えください。

スタート　　ゴール

- 時間が長引くと、観客も飽きるし、子どもも疲れてしまいます。子どもがなかなかパネルをくぐらない場合は大人がパネルを動かしてくぐらせるようにしましょう。
- くぐり抜けるパネルの数を増やすと、難易度が上がります。子どもの進行に合わせて、保護者がパネルを持って移動しても楽しいでしょう。

0歳 おすわり・はいはいのころ

魔法のじゅうたん
親子競技

● 発達メモ・ねらい ●
①平衡感覚を養うあそびです。親子の信頼関係も深めます。

● 遊び方・進め方 ●
①両親（または保護者と保育者など2人組）は、タオルを持ってスタートラインに立ちます。
②子どもはA地点（シートまたはマットの上）で待機。
③保護者は肩を組んで、A地点まで走ります。
④A地点のマットの外から子どもの名前を呼び、子どもが近づいてきたらタオルに乗せ、ゴールまで運びます。

スタンバイ 用意するもの
●マット（2〜4枚）●大判バスタオルまたは幼児用タオルケット（人数分）

スタンバイ 準備すること
●BGMを準備します。ディズニーの「アラジン」をかけると盛り上がるかも。

※説明のイラストは誌面の都合上、距離感・形状などが実際とは異なります。あくまで目安としてお考えください。

保育者の実況マイク

チームワークが大切な競技です。3人の"仲良し度"を判定しましょう。もちろんユーモアも忘れずに！
●「○○ちゃんチームの魔法のじゅうたんは、ちょっと息が合っていませんね。でも乗っている○○ちゃんがバランスをとっています。さすが、しっかりものの○○ちゃんです」
●「□くんチームの魔法のじゅうたんは、すごいスピードです。ほんとうに飛んでいるみたい。□くーん、乗りごこちはどうですか。気持ちよさそうだねぇ」
●「△ちゃんチームは安全運転ですね。パパもママも真剣です。大事な△ちゃんを乗せているんだから当然ですよね」

ポイント＆ヒント（裏ワザメモ）
●ふだんからタオルケットで遊んで慣れておくとよいでしょう。タオルケットはいろいろなあそびに使えます。工夫してみましょう。●体育館などの室内なら、乗せて引っ張る"サンタクロースのそり"にすると、バランスをとる難易度が上がります。

0歳
おすわり・はいはいのころ

ちびっこダービー
親子競技

● 発達メモ・ねらい ●
①おんぶは大切なスキンシップです。ゆっくり走ったり、少し速く走ったりして、リズムを楽しみましょう。

● 遊び方・進め方 ●
①保護者（パパがおすすめ）は、ゼッケンをつけた子どもをおんぶして、スタートラインに並びます。
②スタートからA地点までは横走り。A地点からB地点まではスキップ。カラー標識（コーン）を回って折り返したら、かけ足で戻ります。
③ゴールしたら、子どものほっぺに"勝利のチュッ"をしてあげましょう。もちろんパパが子どもにしてもらってもいいですよ。

スタンバイ｜用意するもの
● カラー標識（コーン）●カラー帽子

スタンバイ｜準備すること
● ゼッケンを作ります。BGMは「草競馬」がよいでしょう。

ゼッケンの作り方
①不織布（20×40cm）の中央に穴を開ける。 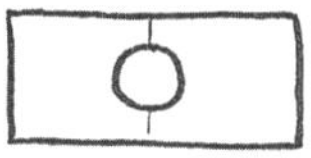
　頭がすっぽり通るサイズに切り抜く
②数字やマーク、子どもの名前をアップリケする。
　背中側　おんぶなのでこちらがメイン
③脇にひもを縫いつける。
　反対側も同じ　リボン結び

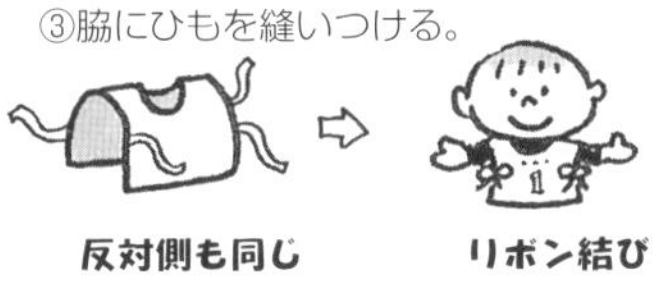

※説明のイラストは誌面の都合上、距離感・形状などが実際とは異なります。あくまで目安としてお考えください。

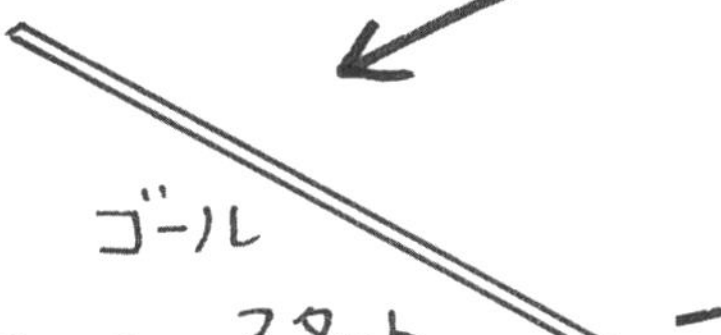

B地点 / スキップ / A地点 / 横走り / ゴール / スタート

保育者の実況マイク
テレビの競馬のように、実況中継してあげましょう。馬に名前をつけると楽しいですよ。
● 「各馬、いっせいにスタートしました。先頭は田中ホマレ。2番手は安藤ルドルフです。あっ、外からグレース渡辺が出てきました。第4コーナーを回って直線です」
● 「山田プリンス、横走りに苦戦しています。そのすきに高橋コマチがリード。スキップゾーンに入りました。2番手はオンワード斉藤です」
● 「高野ニシキとけんた騎手は、うれしそうにスキップしています。ふたりともいい顔をしています。いっしょに走りたくなるような笑顔です」

ポイント＆ヒント（裏ワザメモ）
● 折り返さずに、トラックを使ってもよいでしょう。始まる前にファンファーレを鳴らすと盛り上がります。
● コースの途中に障害物を置いたり、並足やギャロップなど、指定した走り方をする馬術競技にしても楽しいでしょう。

0歳
たっち・よちよちのころ

おむすびころりん
ボール転がし競技

● 発達メモ・ねらい ●
①ボールを転がす動作は、手指や腕の機能を高めるだけでなく、ねらいを定めるための集中力や、相手の言葉を理解する洞察力を育てます。また、お互いにボールを転がしっこすることで、コミュニケーションを楽しめます。

● 遊び方・進め方 ●
①ブルーシートの上に、ソフト積み木（小さめの直方体）のガードレールを固定してコースを作ります。
②コースの一方のはしに、子どもをスタンバイさせ、ネズミのお面をつけた大人は反対側から「おむすびころりんして」と呼びかけます。
③最後は、「○ちゃん、おいでー」と、子どもの名前を呼び、子どもがよちよち歩きしたら、"だっこしてギュッ"をします。

スタンバイ　用意するもの
●ボール各種（いろいろなサイズのもの）●ブルーシート（3×5m）1枚●ソフト積み木（小さめの直方体）のガードレール●布クラフトテープ

スタンバイ　準備すること
●ネズミのお面を作ります。

作り方

①画用紙にネズミの顔をかく。

 ⇨
切り抜く

②帯を作る。

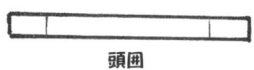　
頭囲　　折り返してホッチキスでとめる

③帯に顔をつける。

　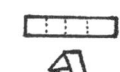

三角の支えを中央につける
顔　帯↓　↑支え

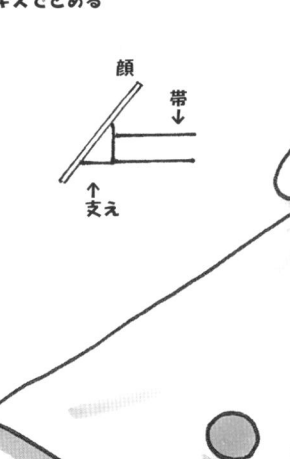

保育者の実況マイク

あそび自体は単純なので、お話のナレーションを入れたり、「おむすびころりん」の歌をうたったりして劇仕立てにすると楽しめます。

- 「まぁ、なんてかわいいおじいさんなんでしょう。おじいさんがおむすびを転がすのを待っているのは、とっても大きなネズミさんです」
- 「さあ、○くんじいさんが転がすのは、どのおむすびかな。ママネズミさんが、早くちょうだーいって言ってるよ」
- 「あれぇ、みんなが応援してくれないと、おむすびが転がらないみたいですよ。見ているお友達やおとうさん、おかあさんもいっしょにうたってください」
- 「△ちゃんおばあさんの登場です。おやおや、一番大きなおむすびを転がすようですよ。△ちゃん、がんばって」
- 「おやおや、□くんじいさんは、きょうはちょっとお疲れのようです。それでは、ママネズミさんに"だっこしてギュッ"してもらおうね。きっと元気が出るよ」

（イラスト中のセリフ）
- おむすび ころりん して！
- ○○ちゃん おいで！

※説明のイラストは誌面の都合上、距離感・形状などが実際とは異なります。あくまで目安としてお考えください。

ポイント＆ヒント（裏ワザメモ）

- ボールのサイズを変えると飽きずに楽しめます。
- ピンポン玉より小さいものは、誤飲の危険があるので要注意。
- 初めは大人が転がしてあげて興味を持たせましょう。
- 大玉を親子で転がすのも楽しいです。そのとき、保育者がネズミ役になって誘導しましょう。

よちよちロボット
親子競技

スタンバイ　用意するもの
- ブルーシート ● カラーフープ
- カラービニールテープ

スタンバイ　準備すること
- ふだんから生活の中であそびを楽しんでおきましょう。

※説明のイラストは誌面の都合上、距離感・形状などが実際とは異なります。あくまで目安としてお考えください。

● 発達メモ・ねらい ●
①簡単そうですが、意外にバランスをとるのが難しい競技です。安定しないときは、子どものわきの下に手を回して支えてあげるとうまく歩けます。
②歩く距離は、月齢や個人差を考慮して決めましょう。親子のスキンシップを楽しみながら、歩く楽しさを感じてもらうのがねらいです。

● 遊び方・進め方 ●
①ブルーシート上にカラービニールテープで、スタート・ゴールを設定します。親子は靴を脱いで、スタート地点で待ちます。
②保護者は両足の甲に子どもをのせて、両手をつなぎ、歩調を合わせて歩きます。
③カラーフープまで行ったら、だっこして走ってゴール。

保育者の実況マイク

みんなでかけ声をかけたり、個々の子どものふだんのようすを紹介することで、歩けるようになった喜びや、満足感を伝え、子どもの成長をみんなで見守る気持ちを高めたいものです。
- 「よちよちロボット、オイッチニッ、オイッチニッ。しっかり歩こうオイッチニッ、オイッチニッ」
- 「○くんは歩くのが大好き。まだよちよち歩きで、転ぶこともよくありますが、自分の力で立ち上がるんですよ」
- 「まだたっちができたばかりの□ちゃんですが、もう足はしっかりしてきました。ママといっしょだと、こんなにじょうずに歩けるんですね」
- 「あれあれ、どうしたのかな。△ちゃんロボットは、ママの足にしがみついて離れませんねぇ。それじゃぁ、合体ロボットに変身して、そのまま歩いてもらいましょう」
- 「すごいすごい。◇くんロボット、速いです。まるでビュンビュンロボットですね」

ポイント&ヒント（裏ワザメモ）
●スタート・ゴールを設定せずに自由に歩き回ってもよいでしょう。●いやがるときは、無理をせずにだっこで参加しましょう。●向かい合わせになって足にのせると、体が離れるため、難易度が上がります。

のりものだいすき

親子競技

● 発達メモ・ねらい ●
①いろんなあそびを組み合わせることで、バランスよく体を動かしましょう。
②子どもたちの身近な乗り物を表現することで、イメージ力を高めます。

● 遊び方・進め方 ●
①スタートラインに手押し車を用意。子どもが手押し車を押し、保護者はついて歩きます。
②ブルーシートまで歩いたら、手押し車を置き、親子で"おふねはぎっちらこ"で進みます。
③マットに着いたら、"ひこうきブーン"を3回します。
④親子で"電車ごっこ"でゴールします。

スタンバイ 用意するもの
●ひも（電車ごっこ用） ●手押し車 ●ブルーシート ●マット

スタンバイ 準備すること
●コース中央にマットを下の絵のように敷きます。

※説明のイラストは誌面の都合上、距離感・形状などが実際とは異なります。あくまで目安としてお考えください。

保育者の実況マイク

何の乗り物か分からないと、見ていて楽しめません。最初に簡単に説明しておきましょう。
- 「子どもたちの大好きな乗り物の大集合です。1番目は車。2番目はお船、3番目はマットの上で"飛行機"。これは、寝て足でたかいたかいをします。最後は電車。さあ、安全運転でがんばってくださいね」
- 「○くんは手押し車が大好きで、よく遊んでいるんですよ。さすがにじょうずですね」
- 「□ちゃんはママが気になるようです。だいじょうぶ、ちゃんとそばにいるからね」
- 「"飛行機"はみんなの大好きなあそびでふだんからよくやっています。おかげで担任の足はりっぱな大根足になりました」
- 「最後は電車です。歩くのもこんなにしっかりしてきました。スピードだって出せるようになってきたんですよ」
- 「あっ、たいへん。脱線です。□くん、だいじょうぶかな？ しっかり。あっ、自分で立ち上がりました。すごい。泣いていません。えらかったねぇ。□くん、ママにギュッてだっこしてもらおうね」

いろんな乗り物を表現しています。他の乗り物も工夫してみましょう。

0歳
たっち・よちよちのころ

めざせ竜宮城
親子競技

● 発達メモ・ねらい ●
①カメの背中に乗ることで、バランス感覚や腕の筋力を鍛えます。月齢や個人差に合わせて、無理をせずにおんぶに変更しましょう。
②シーツの波をくぐるのがポイント。波の動きや「ザブーン」という言葉のリズムを楽しみましょう。

● 遊び方・進め方 ●
①カラービニールテープでスタート・ゴールを設定しておきます。保護者はカメのお面、子ども（浦島太郎）は帽子と腰ミノを着けて待ちます。
②コース中央地点で保育者ふたりが広げたシーツを持って待機。
③スタートの合図で、保護者のカメは背中に浦島太郎を乗せ、はいはいで進みます。
④カメが進んできたら、保育者は「ザブーン」と言いながら、シーツの波をカメにかぶせます。
⑤カメと浦島太郎は、波をくぐりぬけてゴールし、乙姫様からごほうびをもらいます。

スタンバイ　用意するもの
- ブルーシート ● ごほうび（玉手箱）
- シーツ（波用）
- カラービニールテープ

スタンバイ　準備すること
- カメのお面、帽子、腰ミノを作ります。

お面、帽子、腰ミノ、その他の作り方
【カメのお面】
①画用紙にカメの顔（正面）をかき、切り抜く。
②お面の帯を作る。
③帯にカメの顔をはりつける。
（P18の「おむすびころりん」参照）

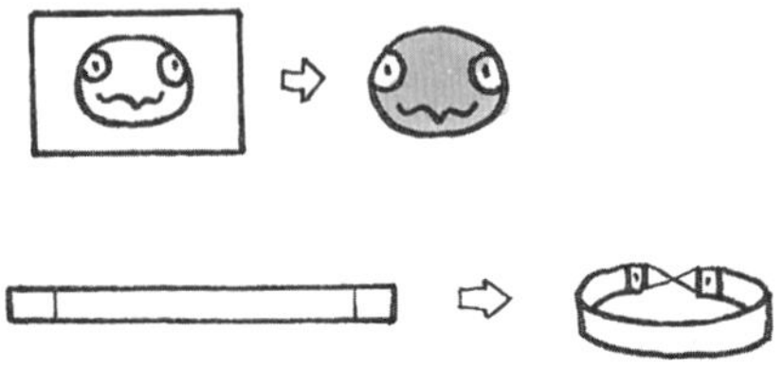

【帽子】
①生地を裁つ。　②縫い合わせる。　③裏返す。

【腰ミノ】
①スズランテープ（黄色）を切って、5〜6本ずつ束にする。

②テープを細かく裂き、フリンジにする。

③フリンジをたくさん作り、幅広のリボンに布クラフトテープではりつける。

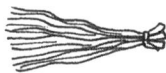

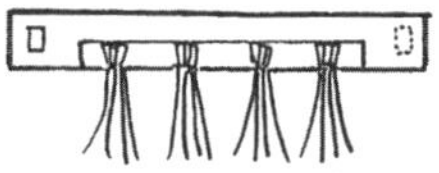

フリンジの長さは子どものひざくらいまで

【乙姫様の衣装例】　【波担当の保育者の衣装例】

腰にリボンを回し、マジックテープでとめる

- 乙姫様の衣装は、冠・ロングスカート・ショールなどで工夫しましょう。園長先生（男性でも）にやってもらうと盛り上がります。
- 波担当も、魚やコンブのお面をかぶると、より物語らしくなります。

保育者の実況マイク

親子のコンビネーションと、カメの動きがポイントです。ユーモラスなコメントで、温かく見守ってあげましょう。

- 「カメさーん、大事な浦島太郎さんを落とさないでくださいよー。美女の乙姫様が待っていますからね」
- 「浦島○くんは、腰ミノ姿もバッチリ決まっています。ママカメの背中の乗りごこちはどうですか」
- 「月齢の低い浦島□ちゃんは、まだバランスをとるのがちょっと難しいんですが、しっかりつかまっていますねぇ」
- 「あれぇ、浦島△くんはごきげんななめかな。それではカメさん、浦島さんをしっかりおんぶして、竜宮城まで超特急でひと泳ぎしてください」
- 「浦島◇ちゃんは、波が気に入ったようですね。おやおや、波をつかまえています」
- 「おやおや、浦島▽ちゃんは自分で波をくぐっています。勇敢ですね。▽ちゃーん、カメさんも連れて行ってあげてね」

スタート

「カメさん、大事な浦島太郎さんを落とさないでねー」

ゴール

※説明のイラストは誌面の都合上、距離感・形状などが実際とは異なります。あくまで目安としてお考えください。

ボワ〜ン

ポイント&ヒント（裏ワザメモ）

- おんぶして進んでいる場合、波をくぐるときは、子どもを降ろして、親子ではいはいしてもらいましょう。
- 波のバリエーションを工夫しましょう。高さ（座る・立ち膝・中腰・立つ）、動き（大きく・小刻み・早く・ゆっくり）などを組み合わせて変化をつけましょう。
- 運動会のおみやげ（景品）をごほうびにすれば、わざわざ用意しなくてもだいじょうぶです。
- 大きな玉手箱を用意して、みんなで開けると劇あそびふうになります。ドライアイスで煙を出したり、つけヒゲで"おじいさん"に変身すれば、観客もびっくり！

きかんしゃシュッポッポ

親子競技

● スタンバイ 用意するもの
- カラーフープ ● 巧技台（台になるもの） ● マット ● メッシュトンネルとトンネルスタンド（または園児用机にマットをかけた机トンネル）

● スタンバイ 準備すること
- 巧技台にマットを敷いてお山を作ります。
- トンネルはメッシュトンネルを使用。ない場合は、机にシートやシーツをかけて作ります。下にはマットを敷きます。
- フープの小さいものは、ゴムホースを適当な長さに切り、輪にして、カラークラフトテープでとめると簡単にできます。

● 発達メモ・ねらい ●
①はいはいとよちよち歩きを組み合わせた競技です。お山はよちよち歩き、トンネルははいはいでくぐるようになっていますが、子どもの発達段階や体調に合わせて、無理せず楽しく参加できるようにすることが大切です。

● 遊び方・進め方 ●
①機関車（保護者）と列車（子ども）は、カラーフープを持って"連結"します。
②お山まで歩いたら、たっちかはいはいでお山を乗り越えます。機関車はいっしょに歩く（はう）か、フープを持って先回りして、誘導します。
③お山を越えたら、フープを置き、トンネルくぐりをします。機関車が先にくぐり、出口で待ちます。
④子どもが出てきたら、だっこして"たかいたかい"を1回してから、そのままだっこしてゴールします。

保育者の実況マイク

よちよち歩きは、見ている人をハラハラさせるものです。無理に歩かせているような印象を与えないように、ふだんのようすやあそびのエピソードも併せて紹介しましょう。

- 「○ちゃんは、歩き始めたばかりの若葉マークです。でも歩くの大好き。きょうも張り切って、どんどん歩いていますね」
- 「うーん、慎重派の□くんは、はいはいで、一歩一歩確かめるようにお山を進んでいきます。安全運転のきしゃぽっぽです」
- 「おやおや、ママが脱線しています。△ちゃーん、ママ機関車をしっかりゴールまで連れていってあげてね」
- 「トンネル大好きの▽くんは、入ったまま出てきません。何してるのかな？ いつものおあそびのときも、トンネルで"いないいないバー"をしてくれるんですよ」
- 「甘えん坊の◇ちゃんは、きょうは朝からママにくっついて離れなくなっています。よかったね、大好きなママといっしょで。ママといっしょなら、お山を越えられるよね」

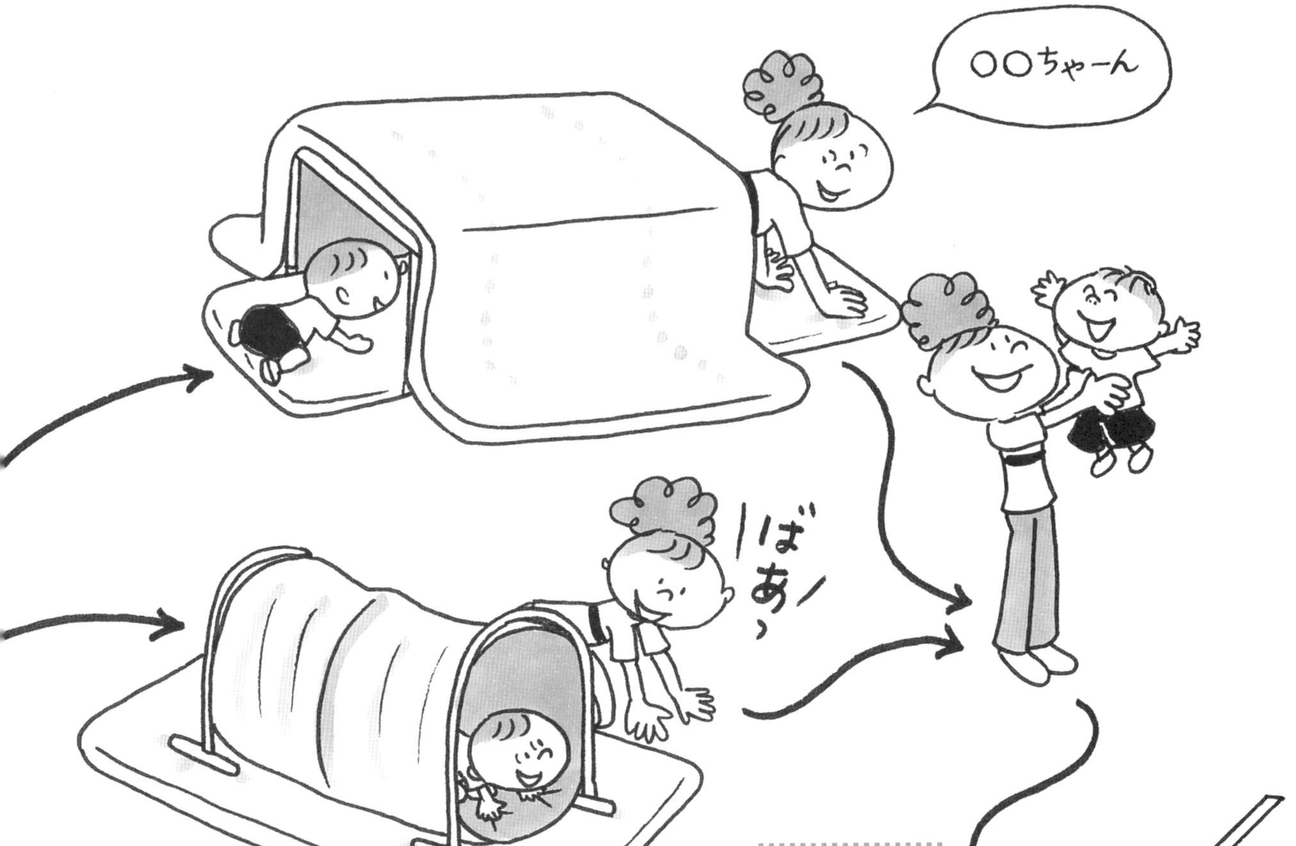

※説明のイラストは誌面の都合上、距離感・形状などが実際とは異なります。あくまで目安としてお考えください。

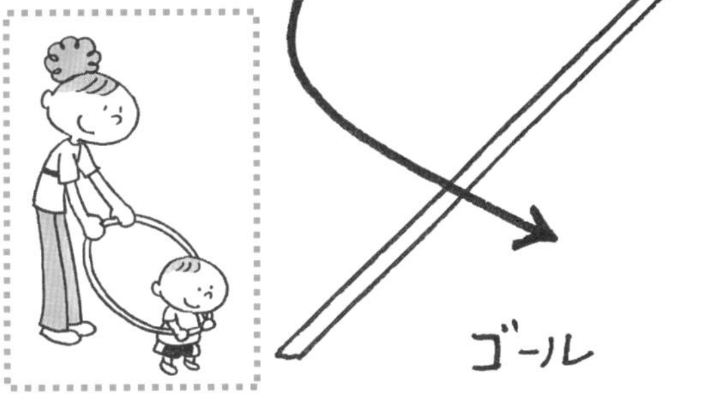

●カラーフープは、あくまでも小道具。じゃまなら持たなくてもかまいません。●子どもがフープの中に入り、保護者が外側から支えるやり方もあります（上図）。

0歳
たっち・よちよちのころ

おさんぽだいすき
親子競技

スタンバイ 用意するもの
- 動物のぬいぐるみ
- ひも

スタンバイ 準備すること
- 動物のぬいぐるみの首に、ひもをつけておきます。ぬいぐるみは、ふだんのあそびで親しんでいるものがよいでしょう。ひもの長さは、40～50cmくらい。子どもに引かせてみて、適した長さにします。
- お散歩の雰囲気づくりのために、草や花などのセット（書き割り）を置きます。

● 発達メモ・ねらい ●
① よちよち歩きの子どもたちに、歩く楽しさを味わってもらうのがねらいです。ぬいぐるみだけでなく、お気に入りのおもちゃなら、何でもお供にしましょう。
② 引くという動作は、ひもを握る握力や、腕の動きを強化します。また、自分が引いているぬいぐるみが動くことで、好奇心や自主性を育てます。

● 遊び方・進め方 ●
① 保護者は子どもの手を引き、子どもはぬいぐるみのひもを引きながら、ゴールまで歩きます。
② コースの距離は、個人差に合わせて決めましょう。コース設定をせずに、自由に歩き回っても楽しいです。

草・花の作り方

【草】
① 段ボール板で、土台の三角柱を作る。
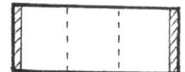 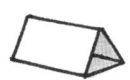

② 画用紙に草をかき、切り抜く。
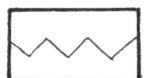 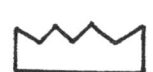

＜カラー標識（コーン）を使って＞

③ 切り抜いた草を土台に、両側からはりつける。

＜段ボール箱を使って＞
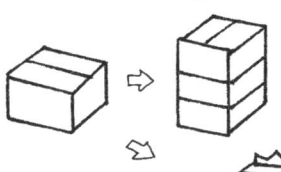 

【花】
① 土台を作る（草と同様）。

② バーベキュー用竹ぐし（長さ約30cm）に、アクリル絵の具の緑色を塗り、花の茎を作る。

③ 段ボール板に花をかき、切り抜く。
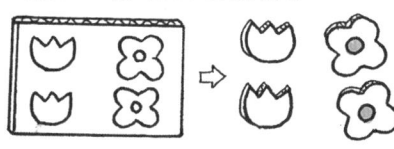

④ 茎に花をはりつける。
重ねてはる

⑤ 花を土台に刺す。
とがっている方が下

⑥ 土台に葉っぱをはる（草と同様）。

保育者の実況マイク

よちよち歩きの子どもは、見ているだけでもかわいいものです。でも、目が離せなくなるので、育児が大変になる時期でもあります。そんな楽しさや大変さを共感できるようなコメントを工夫しましょう。

- 「クマさんを連れて登場したのは○くんです。力強い歩き方ですね。クマさんをグイグイ引っています。いつもこの調子で、おもちゃを踏みつぶしながら歩き回っているんですよ」
- 「あれあれ、□ちゃんが連れているのは、ワニのワニーです。□ちゃんはワニーがお気に入りで、いつもいっしょに遊んでいるんですよ」
- 「△くんは好奇心おう盛で、引っ張るのが大好き。ティッシュペーパーをひと箱引っ張り出して、部屋中、散らかしたこともあるそうですよ。電気コードや引き出しにも要注意です。でも、このワンちゃんなら、好きなだけ引っ張れるから安心です」
- 「おやおや◇ちゃん、きょうはお散歩気分ではないのかなぁ。それじゃ、うさぎちゃんはママに任せて、だっこしてもらおうか？」
- 「☆くーん、きょうはパパとお散歩でいいねぇ。パパもたまにはのんびりお散歩してくださいね」

※説明のイラストは誌面の都合上、距離感・形状などが実際とは異なります。あくまで目安としてお考えください。

ポイント＆ヒント（裏ワザメモ）

- ぬいぐるみ以外では、自動車や積み木、ボールなど、意外なペットとお散歩するのも楽しいでしょう。
- お散歩の途中で歩かなくなったら、だっこしてゴールしてもいいでしょう。完走（歩）することより、楽しく歩くことが大切。草や花は、カラー標識（コーン）や段ボールを利用すると、簡単に立体にできます。

0歳

たっち・よちよちのころ

みんなで踊ろう　まねっこあそび

ひら ひら ひら

親子競技

● スタンバイ　用意するもの

- カセット（CD）デッキ ●テープ（CD） ●間奏のBGM『ちょうちょう』『おはながわらった』『きらきらぼし』（『ひらひらひら』も含め演奏して録音してもOK）

● スタンバイ　準備すること

- 花を作ります。手首につけると、手をひらひらさせたとき、動きを楽しめます。

花の作り方

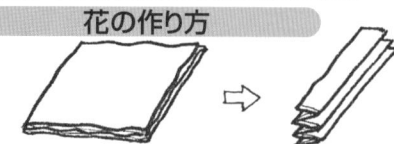

①お花紙（桜紙）を5枚重ねてジャバラ折りする。

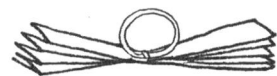

②中心をホッチキスでとめる。このとき、輪ゴムを1本はさみ込む。

③左右の紙を中心に向かって、1枚ずつていねいに開く。

● 発達メモ・ねらい ●

①音楽を聞いたり、曲のリズムに合わせて体を動かしたりして、表現する楽しさを体験することは、情緒を安定させます。
②この年齢になると、大人のまねをすることを喜びます。人に興味をもち、関わり方を経験することが、人間関係を築く第一歩です。

● 遊び方・進め方 ●

歌に合わせて、みんなで体を動かしましょう。
①「ひらひらひら　ひらひらひら」
　そばにいる人と手をつなぎ、体を左右に揺らします。

②「おほしさま　おっこちて」
　両手を上にあげ、キラキラさせながら下におろします。
③「ちょうちょに　なった」
　両手を、チョウチョの羽根のように、上下にひらひらさせます。

④曲を『ちょうちょう』に変更。みんなでチョウチョになったつもりでひらひら飛び回ります。
⑤30秒〜1分程度過ぎたら、元の曲『ひらひらひら』に戻し、続きの2番を踊ります。
⑥3番も同様。

1. ひら ひら ひら ひら｜ひら ひら ひら ひら｜おー ほー さちょー まがー｜おっ こで ちきん てで
2. ひら ひら ひら ひら｜ひら ひら ひら ひら｜ちょー はー ちょな がー｜とん とぼ んを とび
3. ひら ひら ひら ひら｜ひら ひら ひら ひら｜おー りー はん ごが｜
4. ひら ひら ひら ひら｜ひら ひら ひら ひら｜

ちょー おー／はー りー／ちょな／はん ごに／にな っな ったっ た／にな っな ったっ た／さま ほし お

→『ちょうちょう』に曲を変更して、まねっこあそび。→2番へ
→『おはながわらった』に曲を変更して、まねっこあそび。→3番へ
→曲なしで「○ちゃんのリンゴは、おいしそうだね」と、まねっこあそび。→4番へ
→『きらきらぼし』に曲を変更して、まねっこあそびをしながら退場。

『ひらひらひら』作詞・村田さち子／作曲・乾　裕樹
をもとにやってみましょう。
上の順にBGMのテープを作っておくと便利です。

※説明のイラストは誌面の都合上、距離感・形状などが実際とは異なります。あくまで目安としてお考えください。

保育者の実況マイク

踊っているときにコメントすると、聞きにくいし、リズムが乱れます。始まる前と、間奏（変身して身体表現している間）のときにコメントしましょう。

- 「○○組のお友達が、楽しく変身しますよ。何に変身するのかな？　楽しみですね。見ているおうちの方や大きいお友達も、いっしょにやってみてくださいね」
- 「かわいいチョウチョウさんに変身しましたよ。せんせいチョウチョウといっしょに元気に飛び回っています。チョウチョウさん、どこにいくのかな？　もしかしたら、お花を探しているのかもしれませんね」
- 「今度は、お花に変身です。気持ちよさそうに風にゆれています。いろいろなお花です。○ちゃんチューリップ、□くんタンポポ、△ちゃんスミレ…。◇先生は、大きなヒマワリに変身です」
- 「おやおや、お花がつぼんだら、まあるいリンゴに変身しましたよ。小さくてかわいい姫リンゴです。赤くておいしそうですね。ちょっと、ひと口食べちゃおうかな。いただきます。モグモグモグ。うーん、甘くておいしい。おいしくて、ほっぺがリンゴ色なっちゃった」
- 「最後はお空に飛んでいって、お星様に戻りました。○○組さんの大変身、すてきでしたね。すてきな変身を見せてくれた○○組さんは、流れ星になって退場します。みなさん、手拍子で見送ってください」

ポイント＆ヒント（裏ワザメモ）

- お遊戯というより、リズムあそびです。振り付けにこだわらず、体を動かすことを楽しみましょう。
- 間奏のBGMは、『ちょうちょう』・『おはながわらった』・『きらきらぼし』が、おすすめ。
- "りんご"では「○ちゃんのリンゴは、おいしそうだね」と、食べるまねっこを楽しみましょう。

1歳児さんと運動あそび

体も心も、どんどん成長する1歳児さん。「自分でやりたい」「自分でできた」という気持ちが大切です。楽しく遊びながら、体力・知力を育てるプログラムを工夫しましょう。

まねっこだいすき

ひとり歩きができるようになると、行動半径も広がり、いろいろなことに興味をもって、まねをするようになります。1歳児の運動あそびでは、おつかいやおかたづけなど、日常生活の模倣を取り入れると、楽しんで体を動かすことができます。

『わたし、おかたづけだーいすき。ほら、こんなにいっぱい運べるのよ』

『変身ごっこって、おもしろいんだ。ピョーンピョーン、こんどはカンガルーだよ』

考える力を育てよう

おもちゃを選んだり、隠してあるものを探したり、やりとりを楽しむあそびは、考える力を育てます。「自分でできた!」という達成感が、大きな自信となり、好奇心や自立心につながっていくのです。

『どっちにしようかな?迷っちゃうな…。よし、今日はこっちに決めた!』

1歳 前半のころ

おつかいありさん

個人競技

● スタンバイ 用意するもの
- 箱（大きくて浅いもの）
- おもちゃ（ぬいぐるみ・人形・ボールなど）

● スタンバイ 準備すること
- アリさんのお面（または帽子）を作ります。
- 箱は、子どもが縁に手をかけることを考えて、浅くしっかりしたものがよいでしょう。目印に、かわいい動物などをかいたパネルをつけます。

● 発達メモ・ねらい ●
①大きな箱の中から、好きなものを自分で選ぶ競技です。自主性や積極性を育てます。
②行って帰ってくるというルールは、意外に難易度が高いので、言葉による誘導が大切です。焦らず、楽しく取り組みましょう。

● 遊び方・進め方 ●
①園庭の中央に、おもちゃを入れた箱を置きます。
②子どもはアリのお面（帽子）を着けて、スタートラインに待機。
③保育者は「○ちゃん、おもちゃ取ってきて」と頼みます。そのとき、「クマさんの箱から〜」など、具体的なことばがけをすると理解しやすいでしょう。
④子どもは箱まで歩いていって、好きなおもちゃを選んで取ってきます。
⑤子どもがスタート地点まで戻ってきたら、保育者は子どもを抱き上げ、"たかいたかい"をします。

作り方

【アリさんのお面】

①画用紙にアリの絵をかき、切り取る。

顔だけでもよい

②帯を作る。

③帯にアリの絵をはりつける。

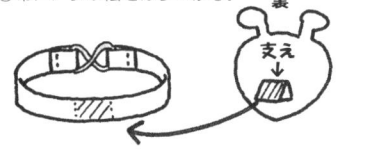 

※帽子で作る場合、市販のカラー帽子にモールで触覚をつける。フェルトやジャージー生地で縫ってもよい。

モール→
カラー布テープ→
カラー帽子

色は黒
フェルトまたはジャージーを2枚重ねて縫う
裏返す
触角をつける

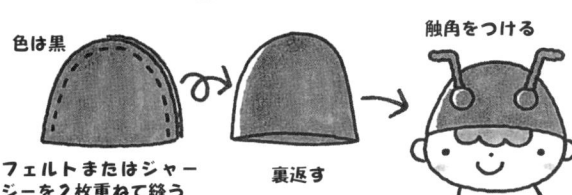

【おもちゃの箱】

①本体の箱を用意する。サイズは、子どもの人数やおもちゃの数（人数分より多め）を考慮して決めましょう。目安のサイズ（子ども5人の場合）は、縦50cm×横100cm×深さ15〜20cm。

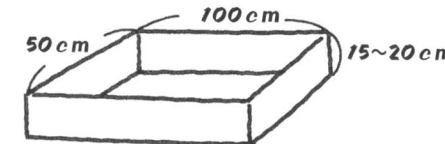

②段ボール板に動物の絵をかき、切り抜く。

③本体の箱に、動物のパネルをはりつける。

外側にはる

保育者の実況マイク

途中でウロウロしたり、どれにするか決まらなかったり、なかなか帰ってこなかったり、ハラハラドキドキさせられる競技です。速さではなく、自分で考えて行動していることの大切さをアピールしましょう。

- 「○ちゃん、笑顔を振りまきながら、ゆっくりと歩いていきます。さあ、何を取ってきてくれるのかな。楽しみですね」
- 「あれあれ、▽くんは途中で止まってしまいました。何かもっといいものを見つけたのかな。▽くんは、お散歩のときにも、いつも一番にお花やテントウムシを見つけてくれるんですよ」
- 「△ちゃんは、クマさんの箱の前から動きません。どれにしようか、迷っているようです。どれでもいいよ。△ちゃんの大好きなウサギさんもあるよ」
- 「□くんは、大好きな自動車に決めたようです。おやおや、□くん、どこに行くのかな？ ゴールとは反対の方に向かっていますよ。あっ、ママに見せにいくんだね」
- 「みんな、無事にゴールイン。やったね！ だんだん大きくなって"たかいたかい"も大変になってきました。いつまでみんなを"たかいたかい"できるかな」

※説明のイラストは誌面の都合上、距離感・形状などが実際とは異なります。あくまで目安としてお考えください。

たかいたかーい

スタート・ゴール

ポイント＆ヒント（裏ワザメモ）

- 用意するおもちゃは日ごろ親しんでいるものでOK。"アリさん"にちなんで、段ボール板や画用紙で作ったビスケットや角砂糖にしてもよいでしょう。
- お面や、取ってくるものを変えるといろいろなバージョンが楽しめます。リス（どんぐり）、カッパ（きゅうり）クマ（はちみつのつぼ）など。
- おもちゃの箱をひとつではなく、複数にすると選ぶのが難しくなります。
- 親子競技にしてもよいでしょう。

1歳 前半のころ

がんばれ かたづけマン
親子団体競技

スタンバイ　用意するもの
- 玉入れの玉（紅白）たくさん
- 幼児用ビニールプール
- 登場BGMのCD

スタンバイ　準備すること
- ちらかしマンのコスチュームを準備します（マント・ベルト・カツラつき帽子・めがね）。

作り方

【カツラつき帽子】
毛糸で三つ編みを作り、市販の帽子につける。

【マント】
黒い布にはぎれを、手芸用接着剤ではる（ヒラヒラさせる）。

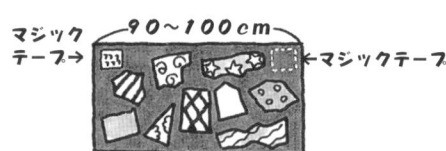

【ベルト・めがね】
黒い不織布を三つ折りにし、ミシンをかける。
はしにマジックテープをつける。

ボール紙を切り抜き、セロハンをはる。

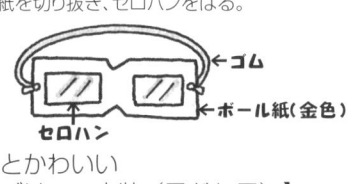

あるとかわいい
【かたづけマン衣装（子ども用）】

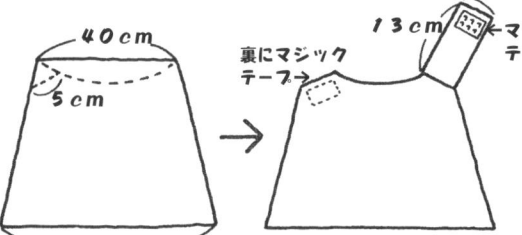

● 発達メモ・ねらい ●
①大人のまねをすることで、社会性が芽生えていく時期です。あそび感覚で、楽しくおかたづけの習慣を身につけましょう。
②キャラクターを登場させることで、子どもたちに興味を持たせ、かたづけへの意欲を持たせます。

● 遊び方・進め方 ●
①ナレーションで進行します。親子は入場門で待機。保護者は空気を入れたビニールプールを持ちます。ちらかしマン役の保育者は、玉を入れた袋を担ぎ、親子とは離れた場所で待機します。
②あやしい音楽と共にちらかしマン登場。
　ナレーター「たいへんです。○○園の運動会にちらかしマンがあらわれました。あっ、ボールを散らかしています。これでは運動会ができません。どうしたらいいでしょう…。そうだ！　こんなときには、□□組のかたづけマンに助けてもらいましょう。助けてえ、かたづけマーン」
③かたづけマン親子登場（BGM『スターウォーズのテーマ』がおすすめ）。保護者がビニールプールを運び、園庭中央に置きます。
　ナレーター「かたづけマンの登場です。がんばれ、かたづけマン」（かたづけ開始の合図の笛を吹きます）。
④親子でボールを拾い、ビニールプールの中に入れます。このとき、ちらかしマンは、じゃまをするふりをしながら進行状態を見守り、かたづけ終了を見届けたら、ナレーター（実況マイク）に合図を送ります。
⑤**ナレーター**「やったあっ、かたづけ終了です。かたづけマンありがとう。あっ、ちらかしマンが逃げていきます。かたづけマンばんざあい」
⑥かたづけマン親子、ボールが入ったビニールプールを持って退場します。

【かたづけマン】　【ちらかしマン】

保育者の実況マイク

団体競技なので、個々の親子のようすは見えにくいものです。それぞれの動きやようすを実況しましょう。

- 「○くんは、ていねいにひとつずつ拾っています。そうだよね、おかたづけは、ていねいに、きちんとするんだよね」
- 「□ちゃんパパは、ブルドーザーのようにボールを集めています。すごいすごい。あっという間にかたづきます」
- 「あれれ、△ちゃんはママにしがみついています。ちらかしマンにびっくりしちゃったかな。だいじょうぶだよ、みんな応援してるからね」
- 「◇くんは、はりきっておかたづけしています。お部屋にいるときもいつもきちんと、おかたづけをしてくれるんですよ」
- 「あっ、たいへん。◎くんがちらかしマンにじゃまされています。◎くんがんばれ」
- 「いつもはおもちゃをポイポイしている▽くんも、ママといっしょなら、じょうずにおかたづけができるんだね」

※説明のイラストは誌面の都合上、距離感・形状などが実際とは異なります。あくまで目安としてお考えください。

ポイント＆ヒント（裏ワザメモ）

- ナレーションがポイントです。ドラマチックに演じましょう。
- ちらかしマンが本当にじゃまをすると難易度が上がります（2・3歳向き）。
- かたづけマンもコスチュームを着けるとかわいいでしょう。
- ナレーターとちらかしマン役は、動きや演出を打ち合わせておくと、スムーズに進行できます。

どうぶつ変身パレード

1歳 前半のころ

親子競技

● 発達メモ・ねらい ●
①親子で動物に変身することで、体を動かす楽しさを味わう演目です。速さやじょうずへたを競うのではなく、スキンシップを楽しみましょう。
②それぞれの動物をイメージした音楽を流すと、楽しく変身できます。

● 遊び方・進め方 ●
①親子は手をつないで、入場門に待機します。
②園庭のトラックに、等間隔で動物マークを置きます。分かりやすいように、ライン引きで線を引いておくとよいでしょう。
③始まりの合図があったら、コアラマークまで歩きます。
④コアラマークまで歩いたら、次のマークまで、子どもをおんぶします。
⑤後は、同じ要領で変身していきます。
　カンガルーマーク→だっこ。
　ペンギンマーク→保護者の足に子どもをのせて歩く。
　ゾウマーク→保護者が子どもを抱いて、足ブラブラ。
　キリンマーク→保護者が子どもを肩車。
⑥最後は肩車で退場します。

スタンバイ 用意するもの
●旗台 ●旗の棒

スタンバイ 準備すること
●動物マークを作ります。

作り方
①段ボール板または白ボール紙に、動物の顔をかいて切り抜く。

②切り抜いた顔を、旗の棒にはる。

クラフトテープ→　←棒　裏側

③棒を旗台に立てる。

動物を2枚作り、棒をはさんで張り合わせるとキレイ

ポイント&ヒント（裏ワザメモ）
●トラックではなく、園庭を広く使ってマスゲーム風にしてもよいでしょう。その場合、ひとつの動きから次の動きに移る合図は、音楽と保育者の実況マイクで誘導します。
例「ここは変身動物園。この動物園に来ると、見た動物に変身しちゃうんですって。最初はどんな動物かしら？ あっ、一番初めはコアラさんです。みんな、赤ちゃんコアラに変身してパパコアラやママコアラにおんぶしてもらいましょう」（コアラBGMを流す。おんぶで、自由に歩き回る。約1分間）「おやぁ、2番目の動物さんが見えてきましたよ。おなかにポケットがあるカンガルーさんです。さあ、次はだっこで、カンガルーに変身ですよ」（コアラと同様に進める）以下、それぞれの動物の動きを紹介していきます。

保育者の実況マイク

身体表現は自由に表現するものです。それぞれの親子のようすを紹介することで、表現する楽しさを伝えていきましょう。
- 「○ちゃんコアラは、ママの背中で気持ちよさそうですよ。見ているだけで、いっしょに眠くなってきました」
- 「△くんとパパカンガルーは元気ですねぇ。大きなジャンプです。金メダルがとれそうですよ」
- 「□ちゃんペンギンは、しっかりママの足にしがみついています。本物のペンギンより、ずっとあんよがじょうずですね」「◇くんのゾウさんのお鼻は元気ですね。ブンブン振り回しています。◆ちゃんのゾウさんのお鼻は、ゆらゆらかわいく揺れています」
- 「▽くんキリンはたかいたかい。本物のキリンみたいですね。▽くーん、何が見えるかな？」
- 「◎くんは大きいから、ママキリンはちょっと大変です。力持ちのパパキリンは、きょうはお仕事で、残念ながら来られなかったんですって。パパの分もがんばってくださいね」

※説明のイラストは誌面の都合上、距離感・形状などが実際とは異なります。あくまで目安としてお考えください。

ポイント&ヒント（裏ワザメモ）

「親ペンギンは、足の上に赤ちゃんペンギンをのせて、じょうずに歩けるかな。ペンペペン、ペンペペン、あんよはじょうず。ペンペペン、ペンペペン、あんよはじょうず」「パパママはゾウさんの体、子どもたちはゾウさんのお鼻に変身です。元気にお鼻を振って歩きましょう」（『ぞうさん』の歌をうたう）「最後は、背高のっぽのキリンさんに変身です。じょうずに肩車できるかな。みんな、たかいたかい。では、そのまま帰ってもらいましょう。えっ、キリンのままじゃ困るって？　だいじょうぶ！　変身動物園は外に出たら、ちゃんと元に戻るんですよ。ほーらね」
- 今、何の動きをしているのか分かりやすいように、保育者が動物マークを表示するとよいでしょう。

1歳 前半のころ

ボールはどこだ？
親子競技

● スタンバイ 用意するもの
- カラー標識（コーン） ●ボール（いろいろな色のものがよい）

● スタンバイ 準備すること
- 見つけたボールを入れる袋（透明なビニール袋に持ち手をつけたもの）を作ります。

● 発達メモ・ねらい ●
① 見えないものを探すあそびは、集中力や洞察力を育てます。ただ探すだけでなく、ボールの色を指定すると、楽しみながら、色の認識も身につきます。
② 見つける速さや数ではなく、探す楽しさや見つけた喜びを味わうことがねらいです。

● 遊び方・進め方 ●
① 園庭の中央に、カラー標識（コーン）をバラバラに並べ、中にボールを隠します。
② 親子は手提げ袋を持って、入場門で待機します。
③ ＢＧＭに合わせて歩いて入場します。
④ 笛の合図で、ボール探し開始。
⑤ 全部のボールを探し終わったら、ボールを持って退場します。

作り方
① 白ボール紙を帯状に切り、輪っかにする。

② 透明なビニール袋の口に、ボール紙の輪をはめ、テープでとめる。
折り返す　←テープ

③ 綿テープで持ち手をつける。
←クラフトテープではる

保育者の実況マイク

保護者が持ち上げるカラー標識（コーン）の下を、のぞきこむしぐさがかわいいものです。親子のチームワークや、ボールを手提げ袋に入れる手の動きに、注目してもらいましょう。

- 「○ちゃん、ボールあったかな？ あっ、にっこり笑顔です。どうやら見つけたようです」
- 「あーっ、残念、ハズレです。□くん、次がんばってね」
- 「△ちゃんは、なかなかボールが袋に入りません。まだ手の動きがスムーズではない1歳児には、難しいことなんですよ。でも、自分で入れようとがんばっています」
- 「◇ちゃんは、ママが持っている手提げ袋にポン。なかなか頭脳プレーですね」
- 「▽ちゃんはひとつ見つけたら、もうおしまいかな。まだコーンが残っているよ」
- 「全部のコーンが倒されて、これでおしまいです。さあ、いくつ見つけられたかな？ 袋の中は、色とりどりのボールでいっぱいですね。たくさん見つかってよかったね。それでは、パパママといっしょに元気に退場です。みんな、拍手」

※説明のイラストは誌面の都合上、距離感・形状などが実際とは異なります。あくまで目安としてお考えください。

ポイント＆ヒント（裏ワザメモ）

- ボールを見つけた後のカラー標識（コーン）は倒しておくと、残りが分かりやすいでしょう。
- カラー標識だけでなく、バケツや空箱を伏せた中にボールを隠してもよいでしょう。
- ハズレ（ボールが入っていない）もあると、あそびが盛り上がります。
- たくさん見つける競争ではないので、ボールの数はかぞえません。見つけたことを喜び合いましょう。
- いくつかのチームに分かれて、対抗戦にしても楽しいでしょう。見つけたボールは、それぞれのチーム袋（透明ビニール袋）に入れます。ルールは玉入れと同じ。たくさん見つけたチームが勝ち。チーム対抗ならば、個人差も気になりません。

1歳 前半のころ

がんばれゴミ収集車
親子競技

スタンバイ 用意するもの
- カラーポリ袋 ●新聞紙（たくさん）
- カラービニールテープ（各色）
- ブルーシート ●カラー標識（コーン）

スタンバイ 準備すること
- カラービニールテープを適当な大きさに切り、カラー標識（コーン）にはりつけておきます（人数に合わせて2〜3個）。子どものそばではさみを使うと危険なので、競技直前に準備しておきましょう。

● 発達メモ・ねらい ●
① 新聞紙をちぎったり、丸めたりすることで、手指の機能が発達します。
② おかたづけの習慣が楽しく身につきます。日常のかたづけの場面でのことばがけに使えます。
例「さぁ、ゴミ収集車に変身だよ。だれが一番じょうずに、おかたづけできるかな？」

● 遊び方・進め方 ●
① 園庭の中央にブルーシートを敷き、くしゃくしゃにした新聞紙を散らかしておきます。
② シートのはしにテープをはったカラー標識（コーン）を置きます。
③ 親子はカラーポリ袋を1枚持って、スタートラインに待機。
④ 笛の合図で、親子はシートまで歩きます。
⑤ シートに着いたら、親子で新聞紙をポリ袋に詰めます。できるだけたくさん詰め込みましょう。
⑥ 新聞紙を全部詰め込んだら、カラー標識（コーン）のビニールテープで袋をとめて、ボールを作ります。
⑦ 親子でボールを転がしながらゴールします。
⑧ 全員ゴールしたら、観客にボールを見せます。

テープを5cmくらいに切る。

はがしやすいように、浮かせてはる。

ボールの作り方
① ポリ袋に新聞紙をつめる。
② パンパンになるように。 
③ 袋の口をひねり、テープでとめる。
④ ビニールテープをはって、丸く形を整える。 ←ビニールテープ

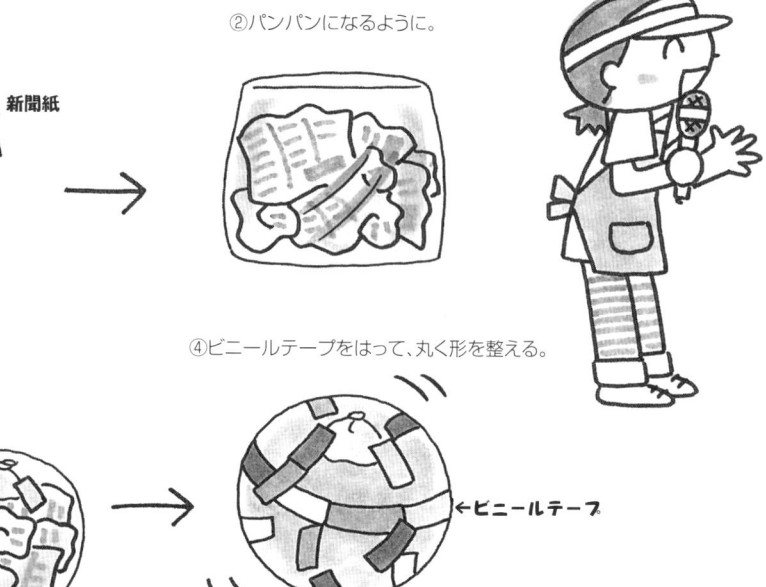

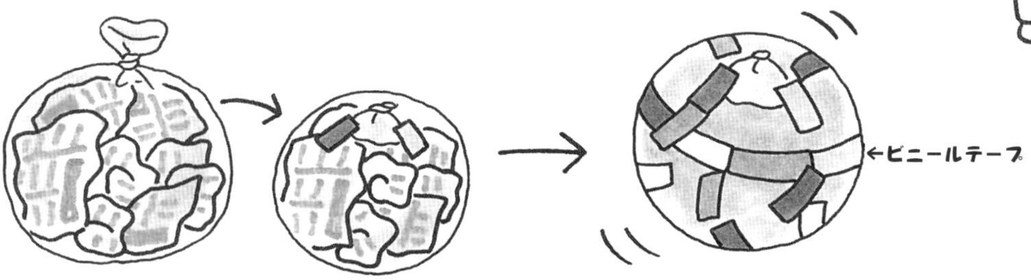

保育者の実況マイク

どれだけたくさん新聞紙を詰め込めるかを競うゲームです。速さよりも、チームワークと根気に注目しましょう。もちろんできあがりの美しさもポイントです。

- 「○ちゃん収集車は早い早い。どんどんゴミを集めていきます。あっという間に袋がいっぱいです」
- 「△くん収集車は仕事がていねいですね。1枚ずつ袋に入れています」
- 「あれあれ、□ちゃん収集車は、きょうは気分がのらないのかな。いつもは張り切ってゴミを集めてくれるんですけどねぇ。しかたがない、きょうはパパにがんばってもらいましょう」
- 「◇ちゃんのボールは、きれいですねぇ。てんてん、てまりみたいです」
- 「▽くんの袋は、もうパンパンです。早くテープをはらないと、破けそうですよ」
- 「みんな、無事にゴール。さあ、だれのボールが一番大きいか、並んで見せてもらいましょう。さぁ、○○組のお友達、ボールを上にあげて見せてくださあい。一番大きいのは○ちゃんのボールですね。○ちゃんに拍手。一番きれいなのは◇ちゃんのボールかな。◇ちゃんに拍手…」
（全員のボールを評価して、拍手を送る）

例「小さいけど一番まん丸のボール」
　「最後までがんばって詰めてくれた」
　「とっても楽しそうだった」

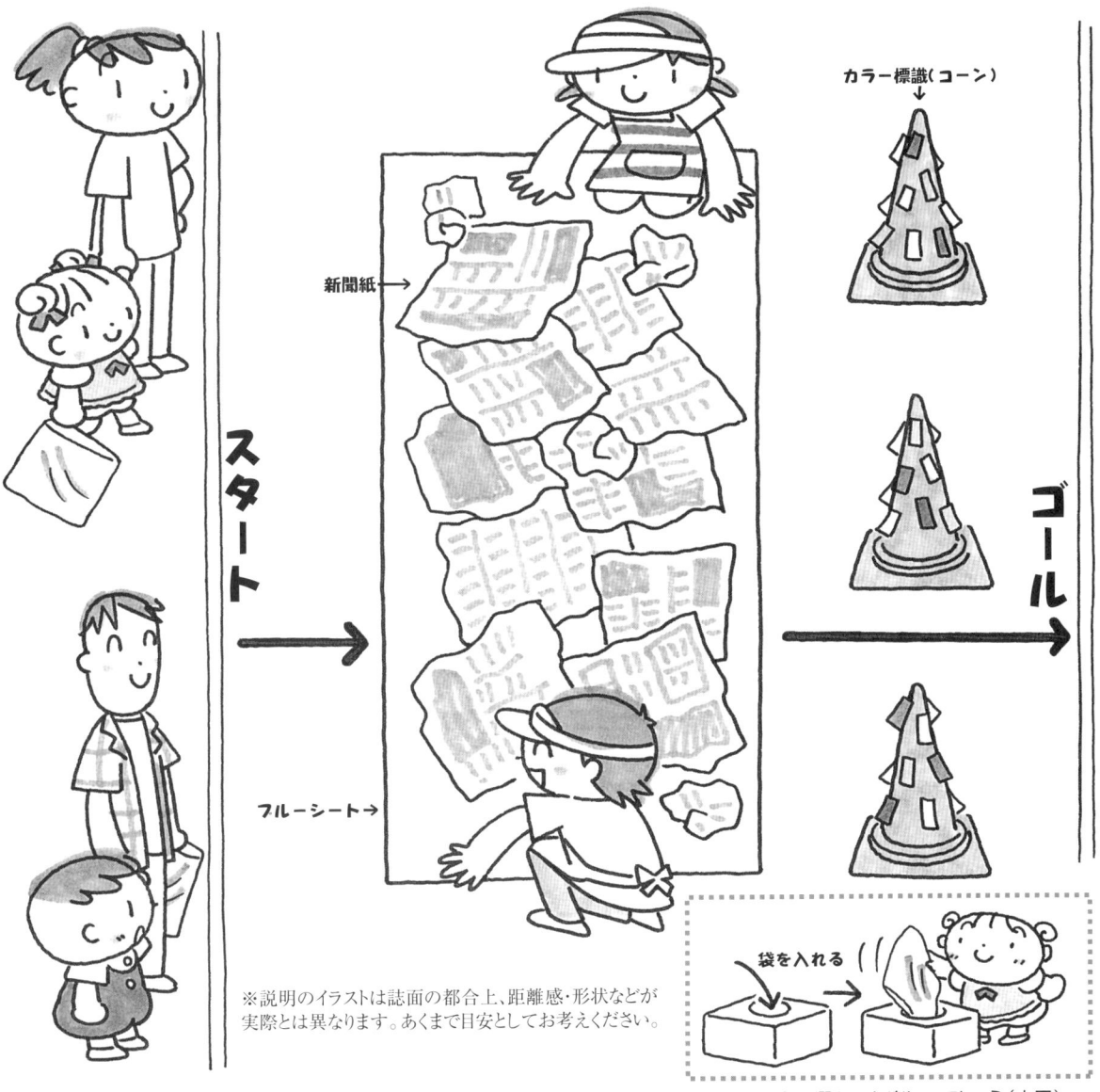

カラー標識（コーン）
新聞紙
スタート
ゴール
ブルーシート
袋を入れる

※説明のイラストは誌面の都合上、距離感・形状などが実際とは異なります。あくまで目安としてお考えください。

ポイント&ヒント（裏ワザメモ）

- いろいろなサイズの袋を段ボール箱に入れておき、くじ引きのように選んでも楽しいでしょう（上図）。
- ボールにしないで、詰め込むだけでもよいでしょう。
- みんなの袋を集めて、ひとつの大きなボールにするやり方もあります。

リクエストかけっこ

1歳 後半のころ

親子競技

スタンバイ 用意するもの
- リクエストカード ● ソフト積み木

スタンバイ 準備すること
- リクエストカードを作ります。白ボール紙で作る絵カードです。

● 発達メモ・ねらい ●
①どれにするか、子どもに選ばせることで自主性を育てます。
②自分で考えることが大切です。なかなか決められなくても、せかしてはいけません。

● 遊び方・進め方 ●
①親子はスタートラインに待機します。
②笛の合図でスタート。中間点まで、手をつないで走ります。
③中間点まで行ったら、好きなカードを選びます。
④選んだカードの方法で、ゴールまで走ります。

【おんぶカード】　【肩車カード】　【だっこカード】

スタート　→　手をつないで歩く

保育者の実況マイク

会場が広いと、観客からはルールが分かりにくいかもしれません。子どものようすや親子のやりとりをマイクで伝えていくようにしましょう。

- 「○ちゃんとママが元気にスタートしました。○ちゃんは、どのカードを選ぶでしょうか？ さあ、カードの前にきましたよ」
- 「△くんは、どれを選ぶのかな？ 迷っているようですね。首をかしげて考えています」
- 「あっ、□くんが指をさしました。おんぶカードです。□くんパパ、いきなり□くんをおんぶしました。速い、速い」
- 「あれっ、◇くんはふたつ、指さしていますよ。困りましたねぇ。じゃあ、半分ずつ、両方やってもらおうかな？」
- 「ママにおんぶされて、▽ちゃん、うれしそう。すっかりごきげんもなおったようです」

これ！

ゴール

子どもが選んだ方法で走る

中間点に置く
（ソフト積み木とリクエストカード）

※説明のイラストは誌面の都合上、距離感・形状などが実際とは異なります。あくまで目安としてお考えください。

ポイント＆ヒント（裏ワザメモ）

- 「肩車カード」、「お馬さんカード」などカードの種類を増やすと、難易度が上がります。
- 選んでいるときの、子どもと保護者のやりとりを、マイクで拾うとよいでしょう。

1歳 後半のころ

いいもの でてこい！

親子競技

● 発達メモ・ねらい ●
①細かい手の動きが必要なので、運動機能と集中力が養われます。
②「何が出てくるかな？」と想像したり、期待する楽しさを経験させましょう。

● 遊び方・進め方 ●
①A地点にペットボトルを並べ、B地点にライン引きで直径1mの丸（取り出し場所）をかいておきます。
②親子はスタートラインで待機。笛の合図で走り出します。
③A地点でペットボトルをひとつ選び、取り出し場所まで運びます。
④保護者がペットボトルを立てて押さえ、子どもが新聞紙を取り出して、ボールを見つけます。
⑤散らばった新聞紙は、保護者がペットボトルに戻します。
⑥子どもはボール、保護者はペットボトルを持ってゴールまで走ります。

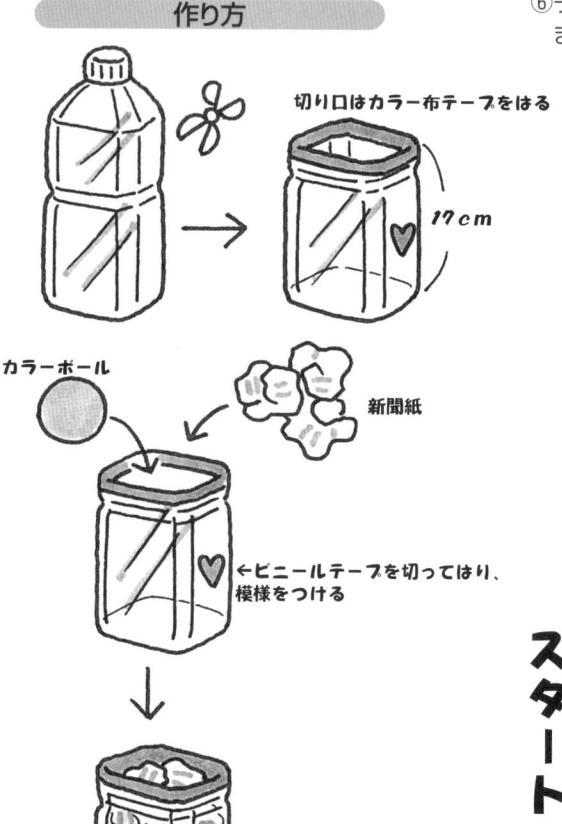

スタンバイ 用意するもの
●ペットボトル（2リットル容量の大きなものを人数分）●新聞紙（たくさん）●カラーボール（人数分）

スタンバイ 準備すること
●ペットボトルの上半分くらいを切り取ります。
●ペットボトルにカラーボールを入れ、上にくしゃくしゃにした新聞紙をふんわりと詰めます（ギュッと詰めると、取り出しにくくなるので注意）。

作り方

切り口はカラー布テープをはる
17cm

カラーボール
新聞紙

←ビニールテープを切ってはり、模様をつける

スタート

保育者の実況マイク

ペットボトルから、新聞紙を取り出している真剣な表情に注目してもらいましょう。集中力を必要とするゲームなので、本番は調子が出ない子もいるかもしれません。ふだんのようすも交えてレポートを！

- 「○ちゃんは、一番はしのパックを選びましたよ。さぁ、何が出てくるか楽しみですね」
- 「△くんは1枚ずつ取り出しては、ママに渡しています。仕事がていねいですね」
- 「あっ、□くん、いきなりペットボトルをつかんでさかさまにしました。でも、出てきません。□くーん、エイッて振ると出てくるかもしれないよ」
- 「きょうの◇ちゃんは、ちょっと調子が出ないようです。いつもはこのあそびが大好きで、いいものが出てくると、うれしそうに声をあげて笑うんですよ。きょうは◇ちゃんの笑い声が聞けなくて残念だなぁ」

A地点

B地点

ゴール

※説明のイラストは誌面の都合上、距離感・形状などが実際とは異なります。あくまで目安としてお考えください。

ポイント＆ヒント（裏ワザメモ）
- ペットボトルの数を増やし、ハズレを作っておくと、難易度が上がります。
- 中に入れる"いいもの"は、小さいおもちゃやハンドタオルなどでもいいでしょう。運動会のおみやげを入れておいて、そのまま持ち帰っても楽しそうです。

45

のりまき出前競争

親子競技

1歳　後半のころ

■ スタンバイ　用意するもの
- 段ボール箱3個
- 黒い布3枚（風呂敷サイズ）
- マット3枚

■ スタンバイ　準備すること
- 白ボール紙に文字を書き、くじ引きカードを作ります。
- すしネタのお面を作ります。
  キュウリ（カッパ巻き）・マグロ（鉄火巻き）・たまご（太巻）

作り方

くじ引きカード

白ボール紙の帯またはジャージー生地の帽子に、キャラクターをはるフェルトで作るとかわいい！

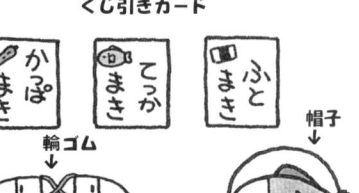

● 発達メモ・ねらい ●
①横に転がる動きは、回転の感覚を養い、脳に刺激を与えます。
②大人が手助けをすることで、苦手な子も動きを楽しめます。親子のスキンシップにもなります。

● 遊び方・進め方 ●
①A地点にカード、B地点にお面、C地点にマットと黒い布を配置しておきます。
②親子は手をつないでA地点まで走り、カードを選びます。
③B地点に行って、カードにかいてあったすしネタのお面をかぶります。
④C地点で、マットの上の黒い布（のり）で、子どもをのり巻きにします。
⑤保護者は、のり巻きになった子どもを"スーパーマンだっこ"して、ゴールまで走ります。

段ボール箱にお面を入れる

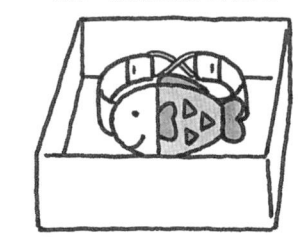

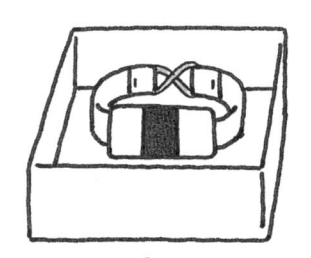

スタート

カード（裏返し）

A地点　　B地点

保育者の実況マイク

やることが多くて、忙しい競技です。でも早さよりのり巻きの完成度とチームワークに注目してもらいましょう。実況ポイントはのり巻きづくりです。

- 「○ちゃんチームは、真ん中のカードを選びました。さぁ、すしネタは何でしょう？ あっ、カッパ巻きのようです」
- 「マグロになった△くんを、あっという間に巻いてしまいました。さすがは料理じょうずなお母さん、おみごとです」
- 「□くんパパ、のりがうまく巻けません。手巻きすし風に、ななめになっています。でも、そのまま走り出しました。かなり強引ですね」
- 「◇ちゃんのママは、大事にそぉっとそぉっと巻いています。◇ちゃんもうれしそうにニコニコしています」
- 「▽くんは自分でじょうずにのり巻きになりました。お昼寝のときにやっているうちに、ひとりでできるようになったんですよ。すごいでしょ」

※説明のイラストは誌面の都合上、距離感・形状などが実際とは異なります。あくまで目安としてお考えください。

スーパーマンだっこ

マットの上に黒い布

C地点

ロールカステラ
黄色いタオル
←イチゴ

ポイント&ヒント（裏ワザメモ）
●A→B→C地点の移動は、だっこでもOK。●すしネタのお面は、種類やデザインを工夫すると楽しいでしょう。例 イクラ・エビ・アボガド（カリフォルニアロール）●黒い布はフェルトやキルティングなど、厚手の生地が巻きやすいです。●すしネタをフルーツに（イチゴ・バナナなど）、黒い布を黄色のタオルに変えると"ロールカステラ"になります（上図）。

1歳 後半のころ

お花をつんでプレゼント
親子競技

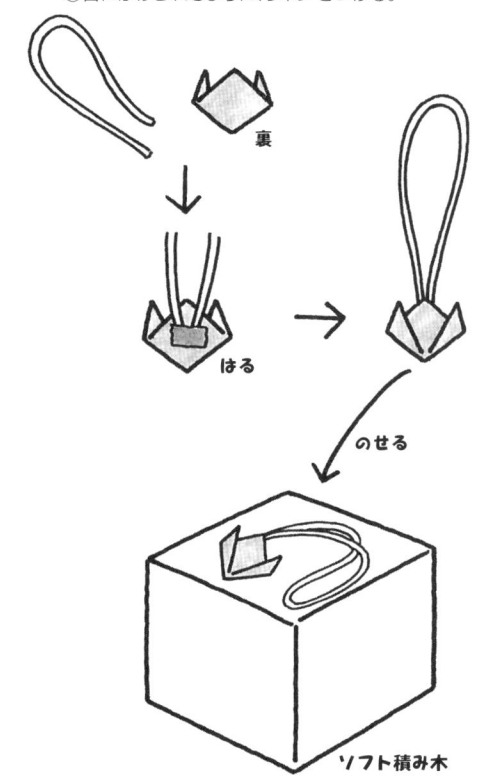

● 発達メモ・ねらい ●
①1歳後半なら、簡単なルールを理解して行動することができるようになります。
②うまくできたときは、たくさん褒めてあげましょう。その喜びが自信につながります。

● 遊び方・進め方 ●
①子どもはスタートライン、保護者はフープの中で待機。
②子どもは「よーい、どん」の合図で走り出し、ソフト積み木の上に置いてある、花のペンダントをひとつ取ります。
③待っている保護者のところに走っていき、ペンダントを渡します（首にかける）。
④子どものほっぺにチュッをしてから、だっこしてゴールまで走ります。

スタンバイ 用意するもの
- ソフト積み木（立方体のもの3色）
- 花のペンダント（人数分より多め）
- カラーフープ

スタンバイ 準備すること
- 花のペンダントを作ります。
- 出来上がった花のペンダントをソフト積み木の上に置きます。

作り方
①チューリップを折る。

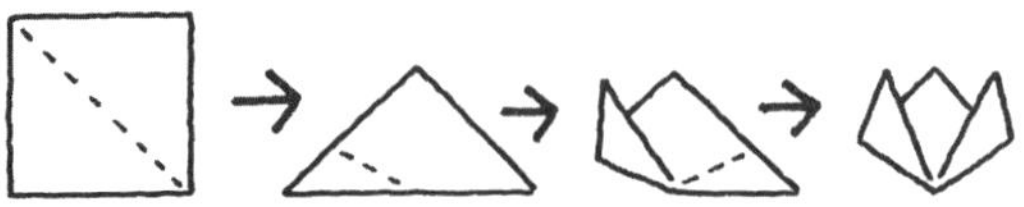

②首にかけられるように、リボンをつける。

裏 / はる / のせる / ソフト積み木

スタート

お花畑でお花を摘む

※説明のイラストは誌面の都合上、距離感・形状などが実際とは違います。あくまで目安としてお考えください。

保育者の実況マイク

途中で動かなくなったり、花を取らずに、保護者にかけよったり…そのハラハラドキドキ感を楽しんでもらいましょう。

- 「あれあれ、合図があったのに○ちゃんはスタートしません。○ちゃーん、ママが待ってるよ。がんばれーっ」
- 「△くんがお花畑に到着です。うれしそうですね。どのチューリップがいいかな？ あれぇ、ひとつだけのお約束だよ。ママにいっぱいあげたい気持ちは分かるけど、きょうはひとつだけにしようね」
- 「赤いお花を選んだ□くんの動きが止まってしまいました。急に心細くなっちゃったかな？ じゃあ、ママにお迎えにきてもらおうか。□くんママ、ヘルプ」
- 「◇ちゃんがパパにお花を渡しました。◇ちゃんパパ、うれしそう。お顔がデレデレですよ」
- 「まぁ、▽くんは摘んだお花を、先生にハイッて渡しています。やさしいねぇ。ありがとう。でも、きょうはママにプレゼントしてあげてね」

○ちゃーん

カラーフープ

ゴール

ポイント＆ヒント（裏ワザメモ）

- 花は3色（赤・黄・白）にして、子どもに選ばせます。
- ペンダントは1本ずつですが、余分に取る子どもがいるかもしれないので、多めに用意しておくとよいでしょう。
- ペンダントが取れなかったり、途中でルールを忘れることがあるので、積み木のそばに保育者が待機して、補助をしましょう。

1歳 後半のころ

ボールの引っ越し
団体競技

● **発達メモ・ねらい** ●
①手先と腕の運動機能がつながり、バランスのよい動きができるようになります。
②友達や保育者と遊びながら、仲間意識を育てましょう。

● **遊び方・進め方** ●
①園庭に、玉入れの玉を入れたタライと、からのビニールプールを少し離れた場所に置きます。
②子どもと保育者は、それぞれバケツとスコップを持って登場。タライの玉をスコップですくってバケツに入れ、ビニールプールに運んで移します。
③全部移し終わったら、みんなでビニールプールを運んで退場します。

スタンバイ 用意するもの
- プラスチック製スコップ（人数分）
- タライ（または水あそび用水槽）
※大きくて浅いものがよい
- 砂あそび用バケツ（人数分）
- 玉入れの玉（紅白）たくさん
- ビニールプール

保育者の実況マイク

参加している子どもたちの楽しさが、観客に伝わるようなコメントを工夫しましょう。

- 「さぁ、小さな便利屋さんの登場です。きょうのお仕事はボールの引っ越し。みごとなスコップさばきにご注目。じょうずに玉がすくえるように応援してくださいね」
- 「○ちゃんはひとつずつ、玉をバケツに入れて運んでいます。タライとプールの間を行ったり来たりで、忙しいですね」
- 「△くんはボールをすくわないで、タライをまぜまぜしています。なんだか、大きなお鍋でお料理しているみたいですねぇ」
- 「□くーん、バケツがいっぱいであふれてるよ。そろそろ運んだらどうかな?」
- 「あれーっ、◇ちゃんはプールから運んできていますよ。◇ちゃーん、それじゃ反対だよー」
- 「ボールは、あと少しになってきました。○○組さーん、がんばれ」
- 「周りにこぼれているボールも、ちゃんと拾ってくださいね」
- 「さぁ、最後は、ボールさんをプールごと運びますよ。みんな、力を合わせてファイト!」

※説明のイラストは誌面の都合上、距離感・形状などが実際とは異なります。あくまで目安としてお考えください。

→ 退場

ポイント&ヒント（裏ワザメモ）
- スコップで玉をすくうルールですが、手を使ってもOK。楽しんで参加することが大切です。
- 保育者が、大きなシャベルで玉をすくい、子どものバケツに入れてあげても楽しそうです。

1歳 後半のころ

積んでくずしておおいそがし
親子競技

● 発達メモ・ねらい ●
小さな積み木を自分で積むのはまだ難しいですが、くずすのは大好き。積んだりくずしたりしながら、人とのやりとりの楽しさをおぼえていきます。ふだんのあそびの中でも、飽きるまで繰り返してあげましょう。

● 遊び方・進め方 ●
①親子はスタートラインで待機。
②コース中間点にライン引きで円（直径150㎝くらい）をかき、その中にトーテムポールをバラバラにして置きます。
③折り返し地点にカラー標識（コーン）を置きます。
④合図でスタートした親子は、中間点で積み木を積み、トーテムポールを完成させます。
⑤そのまま走って、折り返し地点を回ります。
⑥中間点で積み木をくずし、ゴールまで走ります。

スタンバイ　用意するもの
● 段ボール箱　● カラー標識（コーン）

スタンバイ　準備すること
● 段ボール箱でトーテムポールを作っておきます。

作り方
①段ボール箱を5～6個用意し、開かないように布クラフトテープで封をしてから、アクリル絵の具で色を塗る。

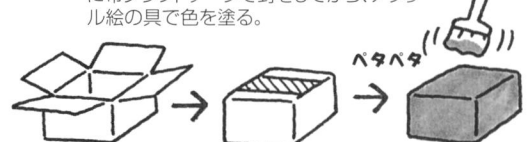

②段ボール板か厚紙で、背ビレをつける。

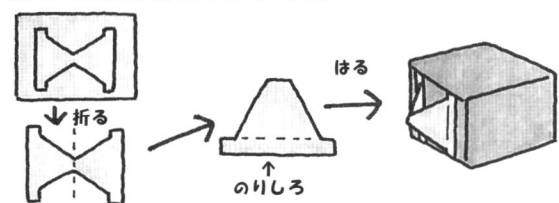

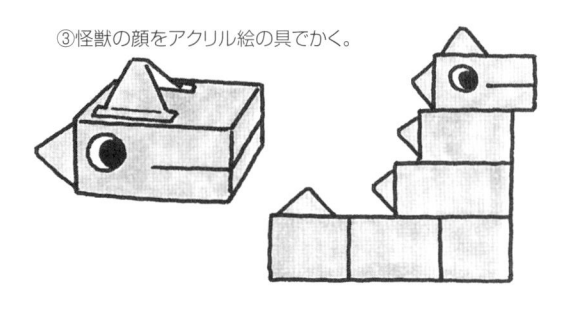

③怪獣の顔をアクリル絵の具でかく。

※デザインによって形や色を工夫しましょう。
例　おばけ・ライオン・おに

スタート・ゴール

※説明のイラストは誌面の都合上、距離感・形状などが実際とは異なります。あくまで目安としてお考えください。

保育者の実況マイク

トーテムポールをくずすところが見どころです。親子のコンビネーションや、トーテムポールの完成度にも注目してもらいましょう。

- 「○ちゃんパパが一生懸命積み上げていますが、ちょっと向きが違うみたいですよ。あわてないでがんばってくださいね」
- 「△ちゃん、まだくずしちゃダメだよ。ママががんばって積んでるんだから、お手伝いしてあげて」
- 「やったーっ、怪獣が完成です。でも、まだ終わりじゃないですよ。さぁ、喜んでいないで走って走って」
- 「□くん、いつもみたいに、怪獣をエイッてやっつけてね。みんな、応援してるからね」
- 「あれれ、◇ちゃんはどうしたのかな？ きょうは気分がのらないようです。ママひとりじゃ大変だから、○○先生にもお手伝いしてもらおうか？ みんなでおばけをやっつけちゃおうね」
- 「あーっ、完成したと思ったら、あっという間にくずれてしまいました。早くくずしたくて待てなかったんだね。▽くんはこのあそびが大好きなんですよ」

くずす

積む

ポイント＆ヒント
（裏ワザメモ）

- 2～3チームに分けてリレー形式にしても楽しいでしょう。
- おんぶやだっこを取り入れれば、走る距離を調節できます。
- 箱を小さくして絵柄を複雑にすると、難易度が上がります。
- 積み木を何組か用意して、好きな絵柄を選んでもらってもよいでしょう。

2歳児さんと運動あそび

個人差が大きい2歳児さんの運動あそびは、体力と知力のバランスが大切です。運動が得意な子どもも苦手な子どもも、それぞれの個性を発揮して、楽しく参加できるプログラムを工夫しましょう。

"みんなといっしょ"を楽しもう

2歳児は、人への関心が芽生える時期です。集団で楽しむ運動あそびを通して、人との関わりを育てていきましょう。共感してくれる友達や大人の存在が、子どもに自信を持たせてくれます。

よいしょ　よいしょ

『わたしと○ちゃん、おんなじ赤チームなのよ。いっしょにボール運ぶんだよね』

『ぼくが積み木を運んだら、次は□ちゃんの番なんだ。だから、ハイッてタッチするんだよ』

競争心は向上心

競争させるのはよくないから、勝ち負けや順位を決めないという流れがあります。でも、競争することはマイナスばかりではありません。競い合うことで、向上心や忍耐力が育ちます。みんなが個性を発揮できる、バラエティに富んだ運動あそびを工夫しましょう。

『ふつうのかけ足は○ちゃんが早いけど、ボール運びは△くんが早いんだよ』

大切なのは心です！

運動あそびの目的は、健康維持や身体機能の発達です。それぞれの子どもの運動能力や体力に合わせて、楽しんで取り組めることが大切。運動に対する苦手意識を植えつけないように注意しましょう。

『かけ足は嫌いだけど、玉入れは得意なんだ』

『追いかけっこって楽しいよ。ぼく、先生をつかまえちゃった』

『わたし、平均台を渡れるようになったんだよ』

『動きはちょっと遅いけど、頭脳プレーならまかせて』

『負けちゃったけど、みんな、がんばったよね』

『きょうは転んじゃったけど、次は一等賞になるよ』

2歳 前半のころ

がんばれ、きゅうきゅうしゃ
親子競技

● 発達メモ・ねらい ●
①手・足・全身の動きのバランスがとれてくる時期です。少し難しいことに挑戦して、活動意欲を高めましょう。
②"自分で"という意欲を持つことが大切です。子どものやる気を優先させましょう。

● 遊び方・進め方 ●
①親子は包帯とふろしきを入れた段ボール箱を持って、スタートラインに待機。
②中間点にボールを置きます。
③「救急車、出動！」の声でスタート。
④中間点まで走ったら、ふろしきを広げ、子どもがボールを救助。保護者が包帯を巻きます。
⑤包帯を巻いたボールを車に乗せ、ふろしきを掛け、ゴールまで運びます。

スタンバイ 用意するもの
●段ボール箱 ●ひも ●ボール ●伸縮性包帯 ●ふろしき

スタンバイ 準備すること
●包帯は、ボールに2〜3回巻きつけてちょう結びができる程度の長さに切っておきます。
●段ボール箱で救急車を作ります。箱にひもをつけて、引っ張れるようにし、アクリル絵の具で白く塗り、赤十字マークをつけます。

作り方

①ふた部分を切る。 → ②ひもを通す穴を開ける。（ひもを通す穴） → ③本体をアクリル絵の具で白く塗る。（赤十字マーク）

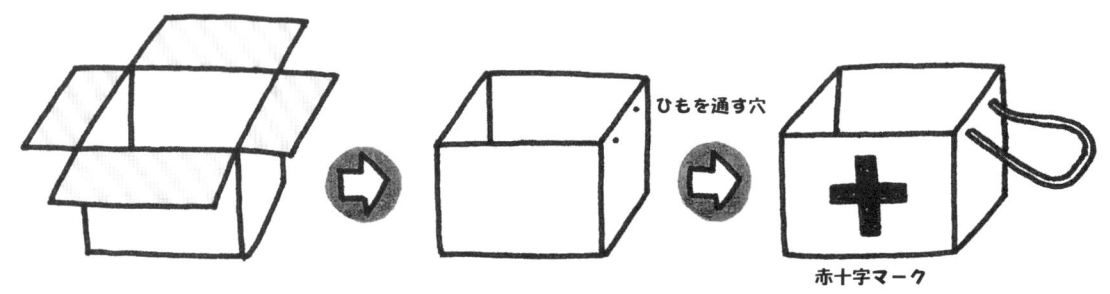

保育者の実況マイク

ボールをけが人に見たてて、包帯を巻くという設定がユーモラスで楽しい競技です。速さよりもチームワークに注目してもらいましょう。

- 「○ちゃん救急車、出動です。速い速い、あっ、大変、救急車がひっくり返ってしまいました。あわてずに、安全運転でお願いしますね」
- 「△くん救急車、今、けが人をふろしきの上に救助しました。パパが包帯を巻いています。でも、ちょっと苦戦しているもよう。丸いボールくんに包帯を巻くのは、やはり難しいようです」
- 「おっ、□くんママ、あっという間に包帯を巻き終わりました。実は皆さん、□くんママは看護婦さんなんです。さすがでしょ！」
- 「◇ちゃん救急車は、けがをしたボールくんをそっとそっと運んでいます。◇ちゃんはお友達にも、いつもやさしいんですよ」
- 「あーっ、たいへん。ボールくんが落ちてしまいました。▽くーん、早くボールくんを助けてあげて」

※説明のイラストは誌面の都合上、距離感・形状などが実際とは異なります。あくまで目安としてお考えください。

ポイント＆ヒント（裏ワザメモ）
●BGMに救急車のサイレンを流すと気分が盛り上がります。●出動の合図があったら「了解」と返事をすると楽しいでしょう。●段ボール箱を使わず、ふろしきを担架に見たてて運んでもよいでしょう。●ボールに顔をかいておくとかわいい。

2歳 前半のころ

まてまてしっぽとり
チーム対抗競技

🔵 発達メモ・ねらい 🔵
①追いかけることで、走る楽しさを味わいながら、脚力や持久力を鍛える競技です。
②どうしたらしっぽを取れるか考えることで、判断力や思考力も育てます。

🔵 遊び方・進め方 🔵
①子どもは3チームに分かれ、それぞれ色違いのハチマキをします。
②園庭に、直径3mぐらいの円を三つかいておきます。
③3人の保育者は、腰にそれぞれの色のハチマキをつけ、円の中央で待機。
④子どもたちはチームごとに並んで入場し、同じ色のハチマキをつけた保育者がいる円の回りに並びます。
⑤笛の合図で、円の中に入り、逃げる保育者を追いかけてしっぽを取ります。保育者が逃げられるのは円の中だけです。
⑥保育者のしっぽを、早く全部取ったチームが勝ち。

スタンバイ 用意するもの
●ハチマキ（赤・緑・黄各20本くらい）

スタンバイ 準備すること
●木綿生地や裏地でハチマキを作ります。何色か準備しておくと他にも使えて便利。

ハチマキの作り方
長さ60cm＋ぬいしろ
幅3cm＋ぬいしろ

①ぬいしろを中に折る。

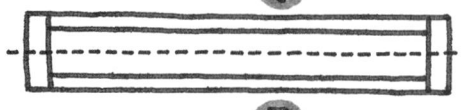

②半分に折り、まわりを縫う。

保育者の実況マイク

逃げる保育者は大変ですが、子どもたちには大人気の競技です。動きが速いので、個々の子どものようすを紹介するのは無理。チームごとの動きやようすをコメントしましょう。

- 「各チームの入場です。みんなうれしそうに手を振っています。やる気まんまんのようです」
- 「フラダンスの腰ミノのように、たくさんのしっぽをつけて立っているのは、赤チームが○○先生、緑チームが△△先生、黄色チームが□□先生です。先生方、がんばってくださいね。皆さん、拍手！」
- 「いよいよスタートしました。先生方、ちょっとゆっくりめに走っていますね。だめですよ、手かげんしちゃ。もっと、どんどん逃げないと、すぐにつかまっちゃいますよ。みんな、走るのがすごく速くなったんですから」
- 「あっ、緑チーム、最初のハチマキをゲットしました。□くん、うれしそうです。やったね！」
- 「大変です。赤チーム、先生に子どもたちが鈴なりになっています。○○先生、危うし！」
- 「黄色チーム、終了です。最後の1本をゲットしたのは▽くんでした。あっ、赤チームも終了しました。タッチの差でしたねぇ。赤チーム、第2位です」

※説明のイラストは誌面の都合上、距離感・形状などが実際とは異なります。あくまで目安としてお考えください。

まてぇ〜〜っ

円の中で追いかけっこ

ポイント＆ヒント（裏ワザメモ）

- 子どもの人数や月齢、運動能力に合わせて、チーム数、1チームの人数、しっぽの数、円のサイズを決めましょう。
- 全員いっしょにやって、取ったしっぽの数を競う個人戦にすると、難易度が上がります。その場合は何色を取ってもよいことにします。
- 円をかいて場所を限定しないとどこまでも走り回ったりして、事故につながるので注意しましょう。
- なかなか勝負がつかないこともあるので、制限時間を決めておくとよいでしょう（2〜3分程度が目安）。

2歳 前半のころ

野こえ山こえ大冒険
親子競技

スタンバイ 用意するもの
- カラーフープ ● マット ● 平均台
- カラー標識（コーン）

※楕円形に設定するときは、各2個ずつ必要です（コーンは不要）。
※直線コースの場合は、各1個ずつですが、折り返し地点を示すコーンが必要です。

● 発達メモ・ねらい ●
①さまざまな運動を組み合わせた競技です。親子で取り組むことで信頼関係を高めます。
②子どもだけではまだ少し難しいことも、大人がちょっと補助することで可能になります。「できた」という達成感が、次のやる気につながります。

● 遊び方・進め方 ●
①園庭に、フープ・マット・平均台を並べます。
②直線コースの場合は、折り返し地点にカラー標識（コーン）を置きます。
③親子は、手をつないでスタートラインに待機。
④行き…手をつないでフープまで走ります。フープは子どもが両足跳び（まだできない子どもは、またいでもよいでしょう）。マットの上は"お馬さん"で進みます。平均台は手をつないで、子どもが渡ります。おんぶで進み、カラー標識（コーン）をUターン。
⑤帰り…保護者は、子どもをおんぶしたまま、平均台をまたいで歩きます。マットの上では、子どもを転がし、フープを立ててくぐらせます。手をつないで走ってゴール。

フープを跳ぶ

お馬さんで進む（靴は履いたままで）

スタート
ゴール
走る

フープをくぐる

ポイント&ヒント（裏ワザメモ）
- 用具を置く位置が離れるほど、運動量が増えます。全体の距離で難易度を調節しましょう。
- コースの長さの目安（子どもたちの発達や園庭などの事情に合わせて自由に変更してください）
  子どもだけ（2歳）の場合……80〜100m　往復するなら…片道50m
  保護者・保育者といっしょの場合……100〜150m　往復するなら…片道100m

保育者の実況マイク

日常の保育の中で楽しんでいる運動あそびを組み合わせた競技です。家庭でも楽しんでもらえるように、実行する上での注意点を紹介しましょう。

- 「フープの両足跳びはリズムが大切です。大人もいっしょに跳んでいるつもりで、体全体でリズムをとりながら前に進みましょう。ほら、□くんパパもはずんではずんで！」
- 「"お馬さん"は背中をまっすぐにしないと、じょうずに乗れませんよ。○ちゃんは重くて大変だけど、重いくらいのほうが安定します」
- 「一本橋わたり（平均台）は、両手をつなぐとかえってバランスをくずします。△くーん、手を"飛行機"にしてごらん。お母さんは片手だけ支えてあげて。そのほうがグラグラしないよ」
- 「◇ちゃん、手も足もピーンとまっすぐにすると、うまく転がるよ。ママはひざをついたほうが楽だよ」
- 「フープは、しっかり立てて動かさないのがポイントですよ。あわててくぐらせようとすると、足が引っ掛かるから気をつけてね」

※説明のイラストは誌面の都合上、距離感・形状などが実際とは異なります。あくまで目安としてお考えください。

※直線コースの場合は、平均台の次に折り返し点のカラー標識（コーン）を置き、行きと帰りで違うことをするとよいでしょう。用具はひとそろえだけですみます。
※2歳後半以降の子どもにも楽しい運動あそびです。

手をつないで渡る

おんぶして進む

子どもが転がる

またぎながら歩く

ポイント＆ヒント（裏ワザメモ）

- 代用用具で楽しみましょう！
  - フープ跳び→座布団跳び　座布団を並べて、その上を跳ぶ。たたみ・床の場合、座布団がすべるので注意。
  - 平均台渡り→積み木渡り　大型積み木を並べて、その上を渡る。高さを変えて、デコボコにしても楽しい。
  - 大型積み木がないときは、タオル渡り。浴用タオルを縦長に3つ折りにして、2〜3本つなげて床に置き、その上をはみ出さないように渡る。高さはないが、意外に難しい。
  - フープくぐり→イスくぐり　イスの下を腹ばいになってくぐる。イスの下が狭いほど難しくなる。

2歳 前半のころ

ありさん親子のあめ玉リレー
チーム対抗親子競技

スタンバイ　用意するもの
- 大玉
- カラー標識（コーン）
- アリのお面
- たすき（アンカー用）

スタンバイ　準備すること
- アリのお面を作ります。
  作り方は1歳後半「おつかいありさん」参照
- たすきを作ります。

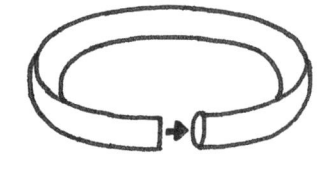

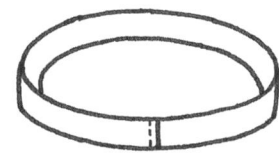

発達メモ・ねらい
①大玉を転がしながら走ることで、全身運動になり、バランス感覚を高めます。
②自分の身長よりも大きな玉を転がすことで、達成感を味わい、自信を育てます。

遊び方・進め方
①親子は2～3チームに分かれ、アリのお面をかぶります。アンカー親子はたすき着用。
②競技はトラックを使ったリレー形式。ひと組目の親子はスタートラインに待機。残りの親子はそれぞれの位置で待ちます。
③合図でひと組目の親子がスタート。大玉を転がして進みます。
④トラックの途中で待っている、次の親子に大玉をバトンタッチします。
⑤アンカーが一番早く、ゴールしたチームが勝ち。

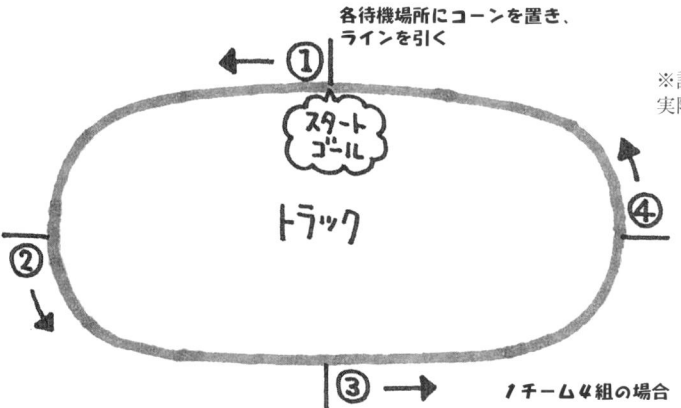

たすきの作り方
①木綿または裏地を袋状に縫う。

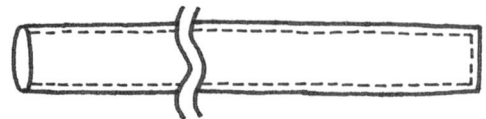

長さ　おとな用150cm＋ぬいしろ
　　　子ども用120cm＋ぬいしろ
幅　　5cm＋ぬいしろ
※ぬいしろは5mm～1cmくらい

②袋を裏返す。

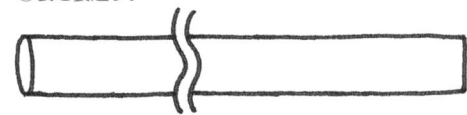

③開いている方の端に、袋の底部分を差し込み、かがって輪にする。

各待機場所にコーンを置き、ラインを引く

スタート／ゴール
トラック
1チーム4組の場合

※説明のイラストは誌面の都合上、距離感・形状などが実際とは異なります。あくまで目安としてお考えください。

保育者の実況マイク

大玉転がしは運動会の定番。いかに新鮮味を出すかは、実況マイクにかかっています。"アリさんがあめ玉を転がしている"という設定をアピールしましょう。

- 「さあ、勢ぞろいしたのは、アリさんの親子です。大きなあめ玉をリレーして、一番早くゴールするのはどのチームでしょうか？ みんながんばってね」
- 「赤いあめ玉はイチゴ味、緑はメロン味、黄色はちょっとすっぱいレモン味です」
- 「よーい、どん。いっせいにスタートしました。あっ、イチゴ味、ちょっとコースをはずれています。前が見えないので大変なようです」
- 「メロン味は、コーナーをまわってタッチゾーンに近づいています。2m、1m、今、バトンタッチしました。第2走者は、○ちゃんアリとパパアリです」
- 「レモン味、とばしています。かなりのスピードです。あっ、イチゴ味とぶつかったようです。だいじょうぶでしょうか？」
- 「おやおや、メロン味のあめ玉が逃げ出したようです。追いかけているのは、△くんママです。△くんもがんばって追いかけています。あっ、つかまえました」
- 「メロン味チームは、アンカーの◇ちゃんとお母さんです。たすきをかけているのが各チームのアンカーです」

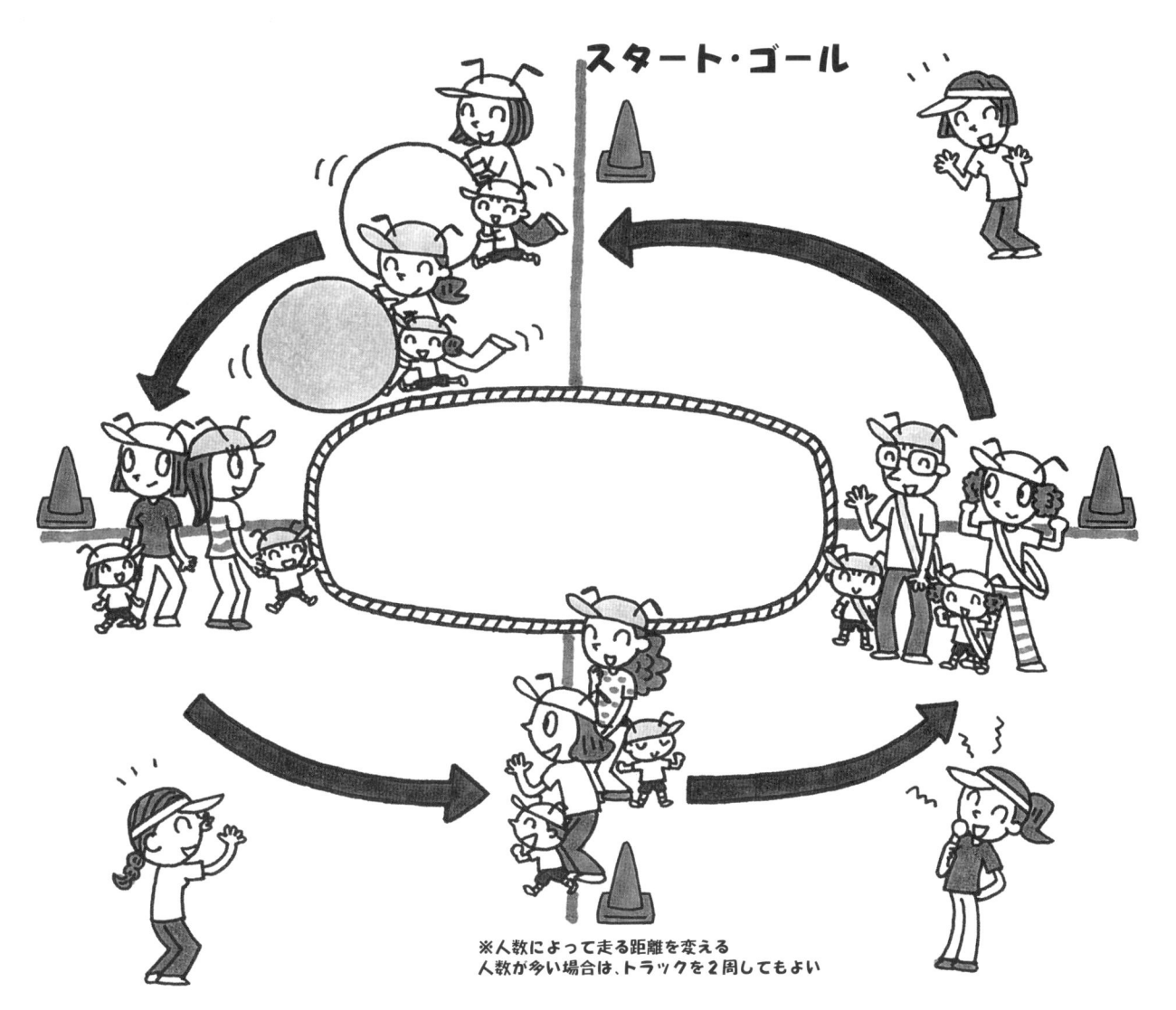

スタート・ゴール

※人数によって走る距離を変える
人数が多い場合は、トラックを2周してもよい

ポイント＆ヒント（裏ワザメモ）

- お面がなければ、ただの大玉転がしです。他にも、いろいろなバージョンを工夫しましょう。
  - 【恐竜のたまご】迷子の恐竜のたまごを、巣に見たてたマットや箱に運んでいく。
  - 【大男のボーリング】大きなボーリングのピンを張り子で作り、親子で大玉を転がして、ピンを倒す。
  - 【大きなカブ運び】大きなカブ（大玉）にロープをかけて、親子で引っ張ってくる。

ぱたぱたシンデレラ

個人競技

2歳 前半のころ

スタンバイ 用意するもの
- スリッパ ● 段ボール箱 ● スカート
- マットまたはブルーシート

スタンバイ 準備すること
- ロングスカートを作ります。

ロングスカートの作り方
① 木綿生地2枚をはぎ合わせる。

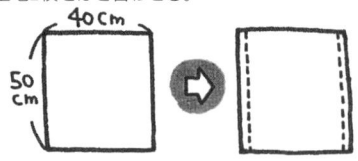

40cm / 50cm

② ウエスト部分を三つ折りにして、ゴムを通す。

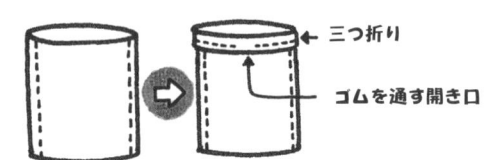

← 三つ折り
ゴムを通す開き口

③ 裾はほつれないように、まつる。

※ゴムは平ゴムがよい。細いゴムはウエストにくいこむ

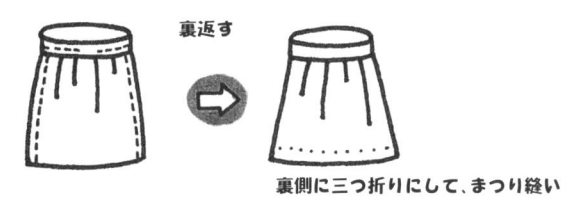

裏返す
裏側に三つ折りにして、まつり縫い

いろんな工夫するほど楽しさは増します

フリル付き　リボン付き

発達メモ・ねらい
① この年齢の子どもたちは、大人のまねが大好き。まねをすることで、大きくなった気分を味わっているのです。
② 「おおきくなりたい」という願望を持つことは、心身の成長を促し、好奇心や想像力を育てます。

遊び方・進め方
① コースの中間点にマット（またはブルーシート）を敷き、スリッパとスカートを入れた段ボール箱を置きます。
② 子どもはスタートラインに待機。合図で走りだします。
③ 中間点に着いたら、スカートとスリッパを履きます。
④ そのままゴールまで走ります。

スタート

保育者の実況マイク

子どもはよく、大人の靴を履いてパタパタ歩き回るものです。そんなほほえましさやハラハラ感を伝えていきましょう。

- 「さあ、○○組のお友達がシンデレラに変身します。でも足に履くのは、ガラスの靴ではなく、なんとスリッパ！　パタパタシンデレラは、無事にお城に行けるでしょうか。皆さん応援してくださいね」
- 「○○組のお部屋はじゅうたん敷きなので、保育者が入口に上履きを脱いでおくと、子どもたちがいつの間にか履いて、ろうかをうれしそうに歩いているんですよ。この競技はそれをヒントに考えたものです」
- 「子どもたちが、お父さん・お母さんのものを着たり、履いたりするのは、大好きな人と同じになりたいという気持ちがあるからです。だから、多少のいたずらは大目に見てあげてくださいね」
- 「△くん、どの箱にしようか迷っているようです。スカートの色にこだわりがあるようです。いつもおしゃれな△くんらしいですね」
- 「□ちゃんは先にスリッパを履いてしまったので、スカートがはきにくいようです。△△先生、ちょっとお手伝いしてあげてください」
- 「○くんがパタパタシンデレラに変身です。スカートのすそをちょっと持ち上げるしぐさがステキでしょ。このスカートは、おままごとのときも取り合いになるほど人気があるんですよ」

※説明のイラストは誌面の都合上、距離感・形状などが実際とは異なります。あくまで目安としてお考えください。

箱、スリッパ、スカート

マットかブルーシート

ゴール

※好きなものを選べるように、箱は一度に走る人数より多めに置く
※子どもは靴を履いたままで大人のスリッパを履く設定です。でも、絵のようなキチンとした子どももいます。ほほえましい実況マイクで伝えましょう

ポイント&ヒント（裏ワザメモ）

- ロングスカートはおままごとにも使えて便利。フリルやリボンをつけると、よりシンデレラらしくなります。
- スカートは、意外に男の子も喜びます。ふだん履かないから新鮮なのかも?!
- 靴を脱いで、スリッパに履き替えると、難易度が上がります。

2歳 前半のころ

3びきのこぶたの
レンガのおうち
ごっこ競技

▶ スタンバイ　用意するもの
- 布積み木

▶ スタンバイ　準備すること
- こぶたの帽子を作ります。

帽子の作り方
① 伸縮性のある生地を用意し、形に合わせて切る。

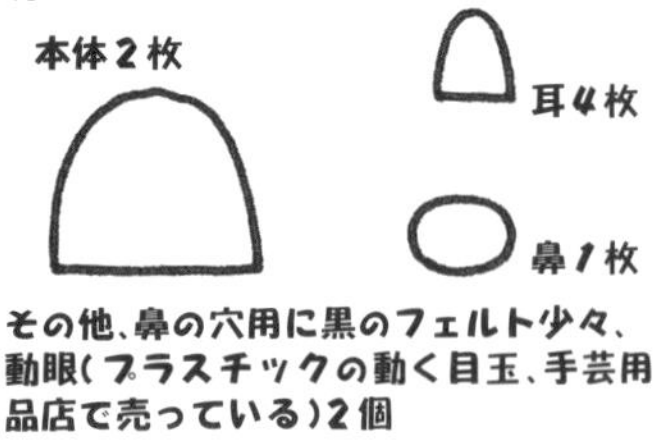

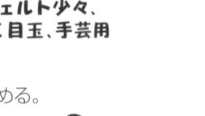

本体2枚　耳4枚　鼻1枚

その他、鼻の穴用に黒のフェルト少々、動眼（プラスチックの動く目玉、手芸用品店で売っている）2個

② 耳を縫い、裏返して綿を詰める。

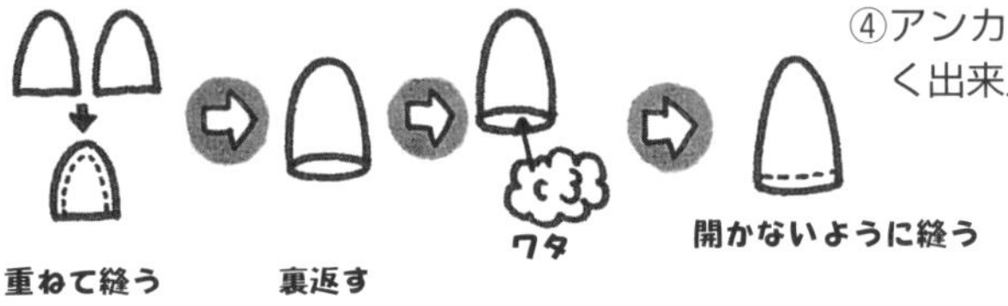

重ねて縫う　→　裏返す　→　ワタ　→　開かないように縫う

③ 鼻を作る。

まわりを細かく縫う　→　中にワタを入れながら糸を引いて、口を絞る　→　裏返す　→　フェルトで鼻の穴をつける

④ 本体を縫う。

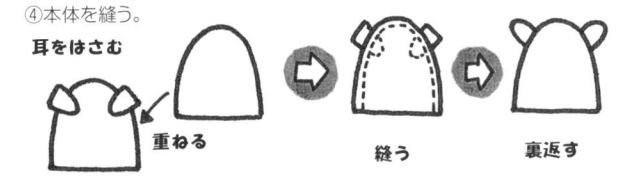

耳をはさむ　重ねる　→　縫う　→　裏返す

⑤ 本体に鼻と目をつける。

脱げやすいときは、あごにゴムをつけましょう

● 発達メモ・ねらい ●
① ひとりあそびから、平行あそび、集団あそびへと移行する時期です。みんなで協力して何かを作り上げる喜びを感じることで、人間関係が育っていきます。
② どうやったらきれいに積めるか、を考えることはまだ難しいので、ふだんのあそびの中で、大人がさりげなく手本を見せることも大切です。

● 遊び方・進め方 ●
① 子どもはこぶたの帽子をかぶり、2～3チームに分かれます。チーム別に、色違いのリボンやスカーフを結ぶと分かりやすいでしょう。
② 積み木は、柔らかい素材のものがよいでしょう。四角と三角を用意します。ひとりに四角を1個ずつ。アンカーのみ三角のものを。
③ 子どもは、ひとりずつ順番に積み木を運び、積んだら戻って、次の子にタッチします。
④ アンカーが屋根（三角積み木）を積んだら完成。一番早く出来上がったチームが勝ち。

保育者の実況マイク

がんばってレンガ（積み木）を運ぶこぶたさんに、声援を送ってもらいましょう。速さよりも、チームワークに意義があることを伝えていきましょう。

- 「勢ぞろいしたのは、赤チーム・緑チーム・黄色チームのちいぶたちゃんたちです。えっ、おおぶたちゃん・ちゅうぶたちゃん・ちいぶたちゃんじゃないのかって？！いいえ、みんな、ちいぶたちゃんなんです。だって、みんな、レンガのおうちを作るんですから。さあ、みんなで力を合わせて、オオカミに負けない強ーいレンガのおうちを作ってくださいね」
- 「さあ、いっせいにスタートしました。赤チームの○ちゃんは、積み木を置いて、もうUターンしています。緑チームの△くんは、慎重に置き場所を確かめています。この違いが家づくりにどう影響するのか楽しみですね」
- 「黄色チームのおうちは、ぐらぐらしているようですよ。大丈夫でしょうか。ちょっと心配です」
- 「赤チームのおうちは、かなり芸術的な仕上がりになってきています。次の走者の□くんが、どう積むか注目です」
- 「緑チーム、いよいよアンカー◇ちゃんの登場です。屋根を持って走っています。あっ、今、屋根をのせました。完成です。やったね！」
- 「赤チーム、アンカー▽くんがそっとそっと屋根をのせています。あーっ、ゆらゆらしています。がんばれ…」

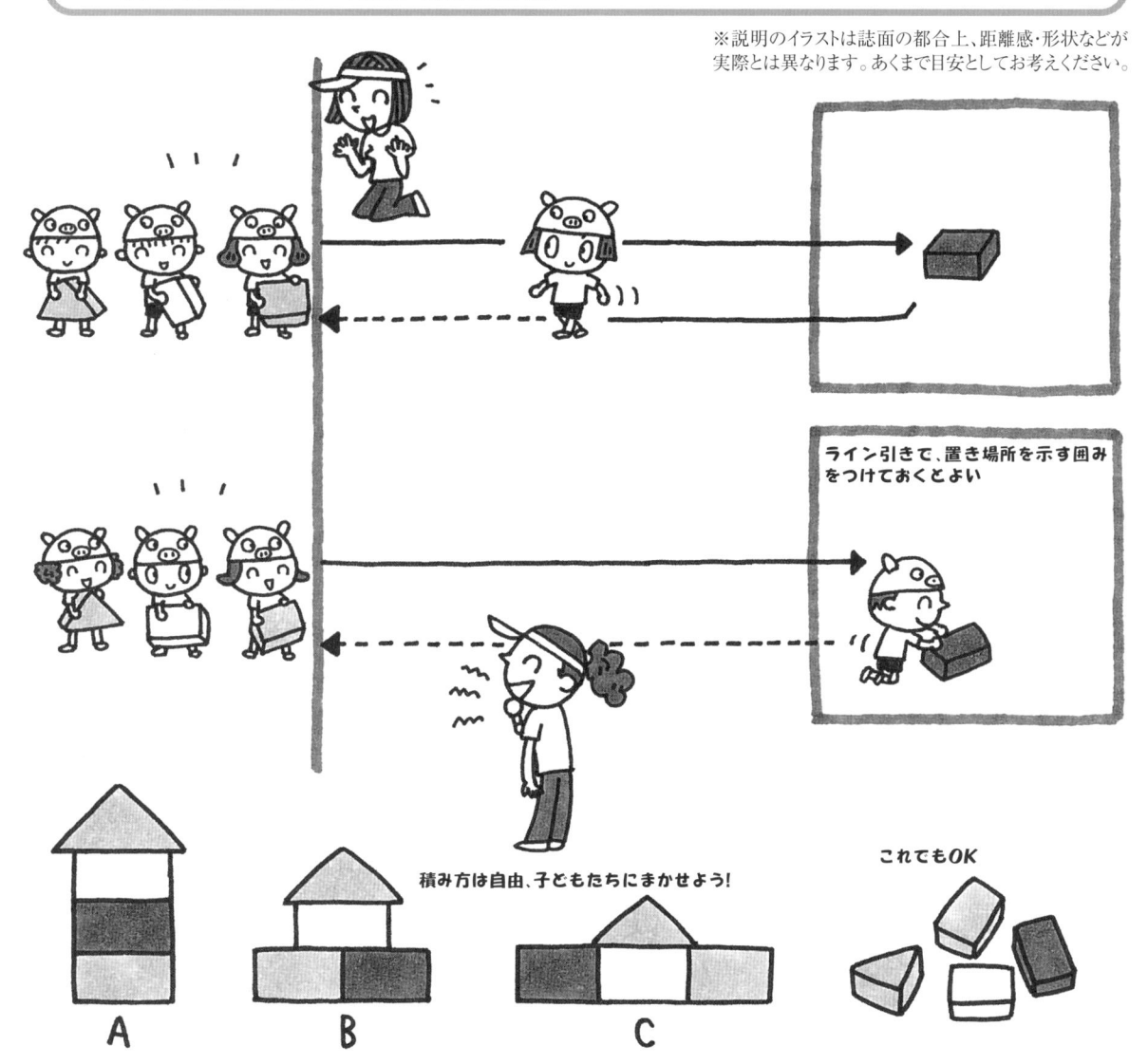

※説明のイラストは誌面の都合上、距離感・形状などが実際とは異なります。あくまで目安としてお考えください。

ライン引きで、置き場所を示す囲みをつけておくとよい

積み方は自由、子どもたちにまかせよう！

A　B　C　これでもOK

ポイント＆ヒント（裏ワザメモ）

- 四角い積み木をレンガに見たてたあそびです。ワラの家や木の家は素材選びが難しいので、低年齢には無理。
- こぶたの帽子は、ままごとや劇遊びにも使えます。
- 積み木のサイズや数を変えるといろいろなバリエーションが楽しめます。

2歳 後半のころ

がんばれキャタピラー
個人競技

●スタンバイ 用意するもの
● 大型段ボール箱

●スタンバイ 準備すること
● キャタピラーを作る。

キャタピラーの作り方
① 大型段ボール箱を用意し、ふたの部分を切り取る。

ふたの部分を切る → つぶして丸くする → ②アクリル絵の具で彩色する。

● 発達メモ・ねらい ●
① 自分の体を乗せたキャタピラーを押して進むので、普通のはいはいより体力が必要です。
② 前が見えなくて、まっすぐ進むのが難しいため、判断力やバランス感覚を育てます。

● 遊び方・進め方 ●
① 子どもたちはスタートラインで待機。
② 用意の合図でキャタピラーに入り、スタートの合図ではいはいで前進します。

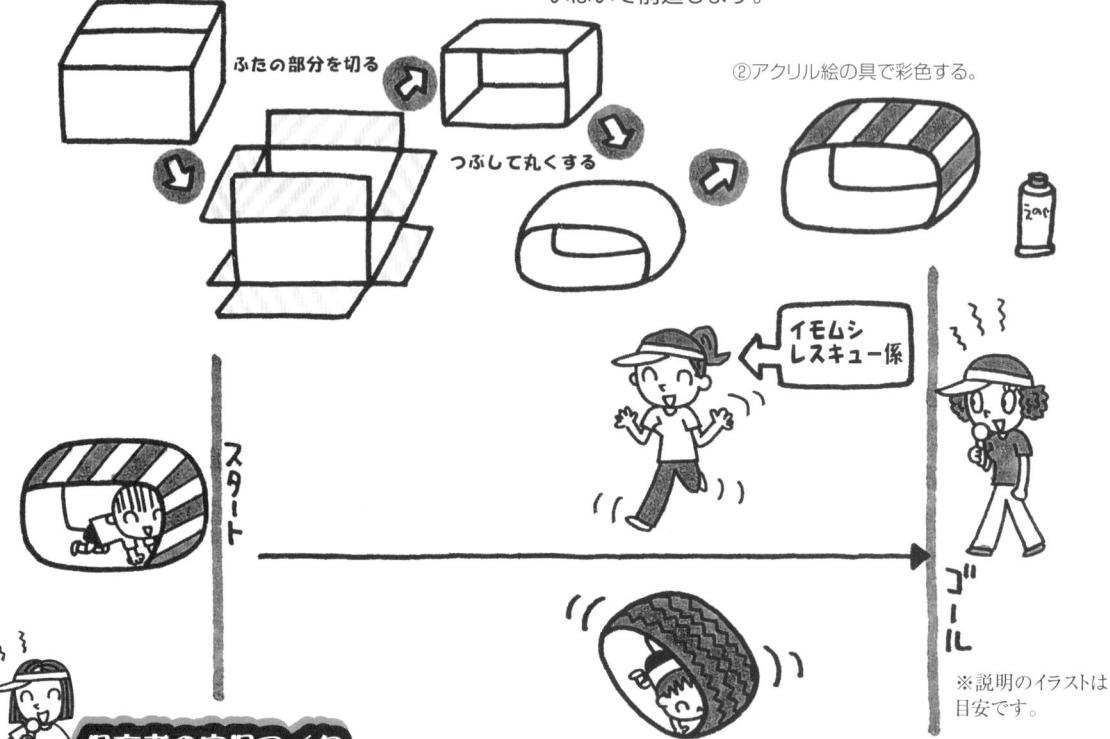

イモムシレスキュー係

スタート　　　　　　　　　　　　　　　　　ゴール

※説明のイラストは目安です。

保育者の実況マイク

ムクムク進む姿がユーモラスな競技です。見るのは楽しいけれど、やるとかなりハード。その真剣な表情をレポートしましょう。

● 「カラフルなキャタピラーの登場です。キャタピラーって、イモムシの事なんですよ。かわいいイモムシさんはじょうずに歩けるでしょうか？ 応援してくださいね」
● 「さあ、スタートしました。ムクムクした動きがかわいいですね。でも、まっすぐ進むのは難しいようです。しま模様キャタピラーの○ちゃんは、どんどん斜めになっています。あっ、水玉キャタピラーの△くんと衝突したようです。大丈夫でしょうか？」
● 「ハートマークキャタピラーの□くんは、安全運転です。ちゃんと顔を出して、前を確認しているでしょ。さすがはしっかり者の□くんですね」
● 「あれ、トラ皮キャタピラーが止まってしまいましたよ。◇くーん、どうしたのかな？ だいじょうぶ？」
● 「今日は、迷子になったり、動けなくなったキャタピラーを救助する"イモムシレスキュー係"を○○先生がつとめてくれます」

ポイント＆ヒント（裏ワザメモ）
● 意外にハードな競技なので、距離は短めにしましょう（目安は5mくらい）。● キャタピラーはカラフルなしま模様にすると動いたときにきれいです。● リレー形式にしてもよいが、キャタピラーでUターンするのは難しいので、1チームを二つに分け、スタート地点と折り返し地点で交互にバトンタッチするとよいでしょう。
● 段ボール箱をつなげれば、大人用も作れます。

2歳 後半のころ

ペンギンのたまご落とし
チーム対抗競技

■ スタンバイ（用意するもの）
- バレーボール
- 段ボール箱
- ハチマキ（2色）

■ スタンバイ（準備すること）
- 園庭にライン引きで、直径2～3mの円を二つかきます。

※説明のイラストは目安です。

● 発達メモ・ねらい ●
①ゲームを楽しみながら、敏しょう性や洞察力を高める競技です。
②大人対子どもですが、手かげんは禁物。対等にゲームしてこそ、満足感や達成感が味わえるのです。

● 遊び方・進め方 ●
①親子を2チームに分け、ハチマキで区別します。
②保護者はひとつずつボールを持ち、円内で待機します。
③子どもは、相手チームの保護者が待機する円を囲みます。
④合図があったら、保護者はボールを足の間にはさみ、"ペンギン歩き"で逃げます。子どもは追いかけてボールを手で落とします。
⑤落としたボールは、自分のチームの箱に運びます。
⑥早く全部のボールを取ったチームが勝ち。

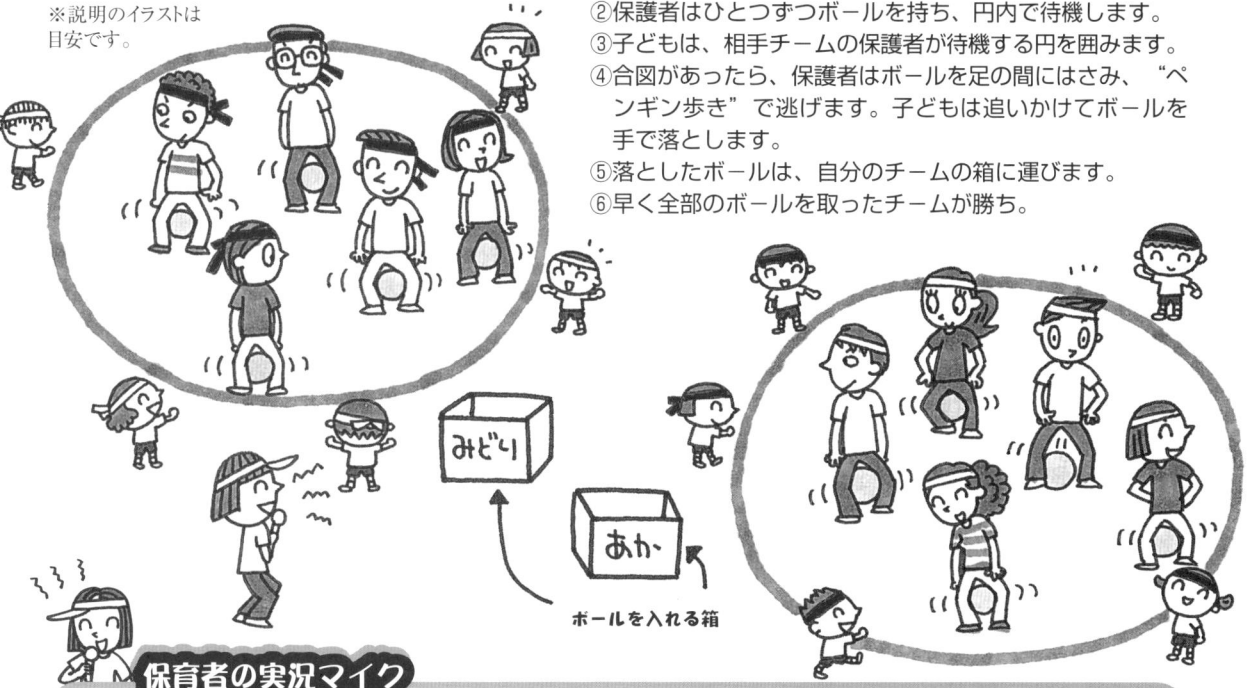

（箱：みどり／あか　ボールを入れる箱）

保育者の実況マイク
ゲームが始まると、あっという間に勝負が決まることもあります。観客にルールが分かるように、実況マイクで説明してから始めましょう。

- 「登場したのは、○○組のお父さん・お母さんたちです。いつもは仲良しですが、きょうは緑チームと赤チームに分かれています。そして、手に持っているのはボール。これからこのボールでかわいいペンギンに変身です。さあ、お父さん・お母さん、ちょっと歩いてみてください。ヨチヨチ、ヨチヨチ、ねっ、かわいいでしょ」
- 「次に登場したのは○○組のお友達です。お父さん・お母さんと同じように、赤と緑に分かれています。でも、おやおや、赤チームの円を緑チームの子どもたちが取り囲みましたよ。そう、お互いに相手チームのお父さん・お母さんのたまごを落とすんです。だから、手かげんはなし。取ったボールは、箱の中に集められます。どちらのチームが速くたまごを落とすことができるでしょうか？　両チームともがんばってくださいね」
- 「さあ、始まりました。お父さん・お母さんはペンギン歩きに苦戦しているようです。自分で落としている人のほうが多いようですよ」
- 「○ちゃん、ボールをゲットしました。うれしそうです。赤チームの箱にひとつ、入りました。あっ、緑チームもゲットです。△くんがボールをつかまえました」
- 「ペンギンさんたち、ちょっと疲れがでてきたようです。見ているとかわいいのですが、かなりハードなんです。これを毎日やって、筋肉痛になった先生もいるんですよ」

ポイント＆ヒント（裏ワザメモ）
- チーム対抗ではなく、保護者対子どもにしてもよいでしょう。その場合は制限時間を決めて、取ったボールと残ったボールの数を競います。
- "ペンギン歩き"は意外に難しい。ボールを太ももに挟むと歩きやすい。
- 保護者がペンギンのお面をかぶるとかわいい。
- 落ちたボールは、拾った人のもの。ペンギンが自分で落としても、子どもが拾えば子どものボールになります。ただしペンギンが拾えば、また復活できます。

2歳 後半のころ

ジャイアントパンツ
チーム対抗親子競技

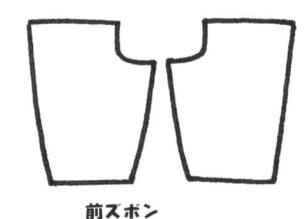

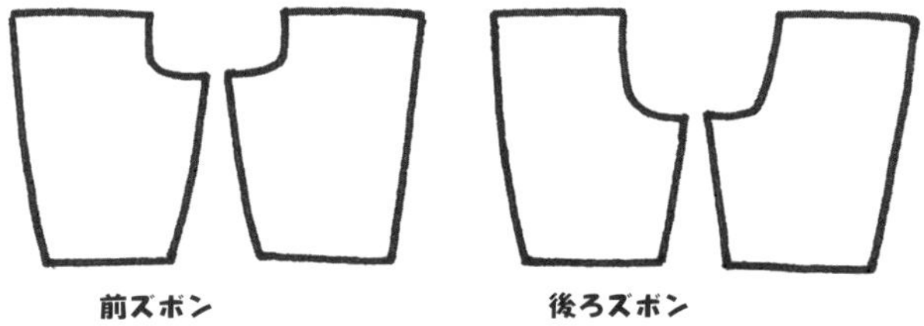

◯ 発達メモ・ねらい ◯
①パンツを使った二人三脚です。ふたりで息を合わせることで、協調性を養います。
②普通のかけ足より、少し高度になっています。機敏性や判断力を必要とする競技です。

◯ 遊び方・進め方 ◯
①親子は手をつないで、スタートラインに待機します。
②パンツを下げた洗濯ロープは大人ふたりが持ちます。
③折り返し地点にカラー標識（コーン）を立てます。
④1番目の親子は、中間点まで手をつないで走り、洗濯ロープからパンツをはずして、片足にひとりずつ入ります。
⑤そのままふたりで走り、カラー標識（コーン）を折り返します。
⑥中間点まで戻ったら、パンツを脱ぎ、洗濯ロープに止めます。
⑦手をつないで走り、次の親子にタッチします。
⑧一番早く、アンカーがゴールしたチームの勝ち。

スタンバイ 用意するもの
●洗濯ロープ ●洗濯ばさみ ●ジャイアントパンツ ●たすき（アンカー用）

スタンバイ 準備すること
●ジャイアントパンツを作ります。

パンツの作り方
【インスタント派】
①古いシーツを切る。

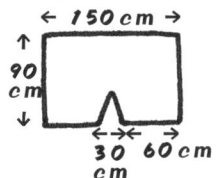

← 150cm →
90cm
30cm 60cm
パンツ型2枚

②パンツを縫う。
裏返す

③ウエストにゴムを通す。
三つ折りにして縫い、ゴムを通す

【本格派】
型紙は市販のものを拡大コピーする。
前ズボン　後ろズボン

●洗濯ばさみにひもをつけ、洗濯ロープに通す。

水玉もよう　しましま

保育者の実況マイク

大きなパンツを履いたり脱いだり、大忙しの競技です。焦ってパンツが引っ掛かったり、子どもを抱えて走る保護者もいます。そのあわてぶりを実況中継しましょう。

- 「見てください。大きなパンツでしょ。だれのパンツだと思いますか？ 子どもたちは"大男のパンツ"と呼んでいます。いつもは、このパンツでトンネルくぐりをしたり、何人入れるかギュウギュウ詰めになったりして楽しんでいるんですよ」
- 「ひと組目は○ちゃん親子と△くん親子です。早い早い。あっという間にロープに着きました。選んだのはしましまと花もようですが、ちょっと苦労していますね。どうやら足が引っ掛かっているようです。落ち着いて履いた方が早く履けますよ。急がば回れっていうでしょ」
- 「□くん親子は、パンツを履いて走りだしました。でも、パパがパンツごと□くんを抱えています。足がブラブラしています。□くんパパ、反則技は失格ですよー、ちゃんと二人で走ってくださーい」
- 「◇くん、エイッとパンツを引っ張って、ロープから取りました。いつもこうやって、洗濯物を取り込むお手伝いをしてくれるんですよ」
- 「▽ちゃんパパ、洗濯ばさみをとめる手つきが慣れていますね。もしかして、いつもお洗濯しているのかな」

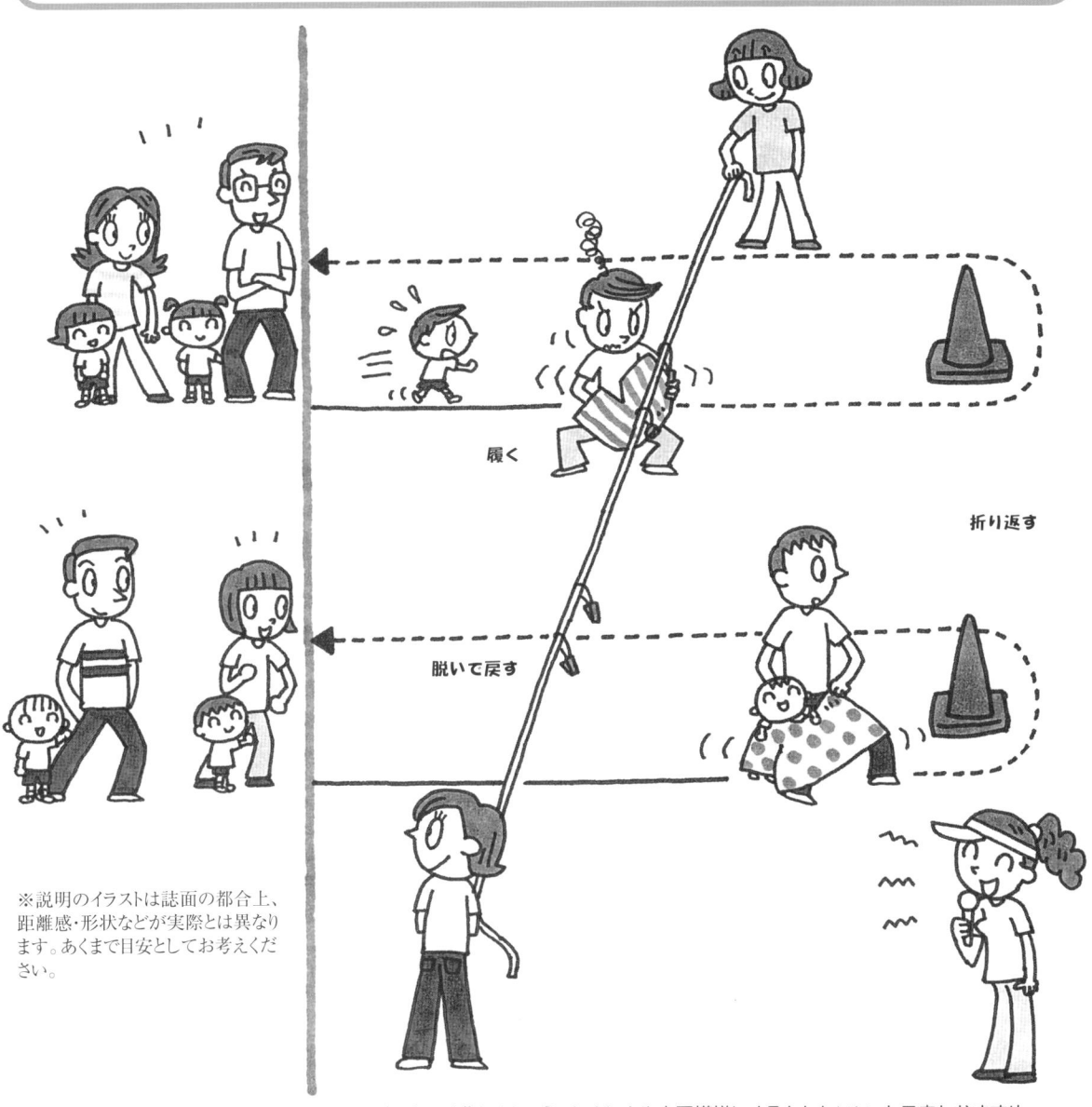

履く

折り返す

脱いで戻す

※説明のイラストは誌面の都合上、距離感・形状などが実際とは異なります。あくまで目安としてお考えください。

ポイント＆ヒント（裏ワザメモ）
- パンツはできるだけ大きく作りましょう。しましまや水玉模様にするとかわいい。トラ皮もおすすめ。
- 洗濯ロープの下にシートやマットを敷くと、座ってパンツを履けるので、楽になるよ。

2歳 後半のころ

たからじまにわたれ！
親子競技

■ スタンバイ 用意するもの
●カラーフープ ●マット ●段ボール箱 ●おみやげ ●バンダナ（スカーフ）

■ スタンバイ 準備すること
● カラーフープは4個ずつ、ビニールテープでつなげておきます。
● 宝箱を作ります。

● 発達メモ・ねらい ●
① 両足跳びは全身運動。ねらいを定めて跳ぶことで、集中力も身につきます。
② 協力してやろうとする気持ちを育てます。

● 遊び方・進め方 ●
① スタートラインに、つなげたフープを置きます。
② 折り返し地点に、マットを敷き、宝箱を置きます。
③ 合図があったらスタート。子どもはフープの中を、両足跳びで進む。保護者は手をつないで補助します。
④ 4個目のフープまで跳んだら、保護者は1個目のフープを持って、子どもを軸にしてフープを回します。
⑤ これを繰り返して、島（マット）に渡り、宝箱を開いて、宝物（おみやげ）を取ります。
⑥ 帰りは、1個目のフープに子ども、4個目のフープに保護者が入り、船になって戻ります。

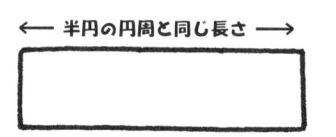

宝箱の作り方
① 段ボール箱の、ふた部分を切り取る。

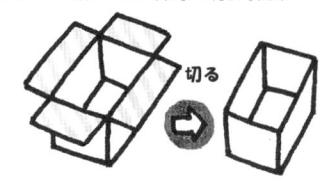

② 段ボール板でふたを作る。
×2　直径は段ボールの一辺の長さ
← 半円の円周と同じ長さ →　長方形1枚
半円と長方形をはり合わせる

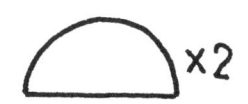

③ 本体にふたを取りつける。
クラフトテープ
パカッと開くようにする

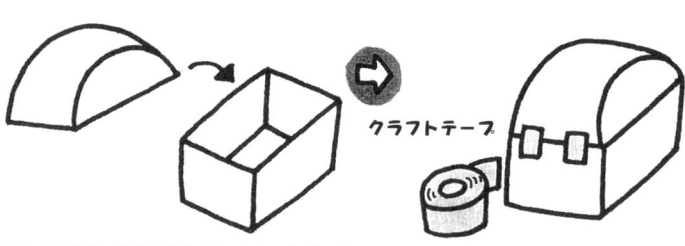

④ アクリル絵の具で色を塗ったり、金ボール紙で飾りをつける。

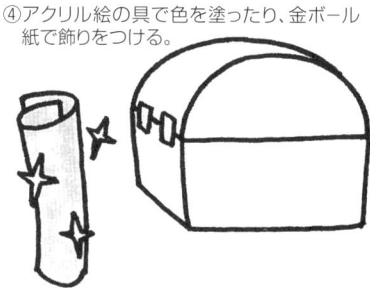

海賊の宝物の箱のイメージにしてみましょう

保育者の実況マイク

地面に置かれたフープが見えにくいため、運動量が多くてハードなわりに、観客へのアピール度が低くなりがちです。両足跳びの難しさや、フープを回すタイミングについてコメントしましょう。

- 「園庭の真ん中に現れたのは、宝島。ほら、宝箱が見えるでしょ。ちびっこ海賊は、パパ海賊ママ海賊と力を合わせて、宝島をめざします。さあ、無事に宝島にたどりつけるでしょうか？」
- 「海賊○ちゃんが、ぴょんぴょん岩を渡りはじめました。1、2、3、4、5。でも、まだ島にとどきません。あっ、ママ海賊が岩をブーンと回しました。すごいすごい。これなら宝島までとどきますね」
- 「両足跳びは、全身のバランスがとれないと、フラフラして倒れてしまったり、うまく前に進みません。意外に難しいんですよ。ついこの間まで、よちよち歩いていた○○組のお友達が、跳んだり走ったり、いろいろなことがどんどんできるようになって、私たちも、うれしいやら心配やらで、毎日ドキドキさせられています」
- 「海賊△くんとパパ海賊は、息が合ったコンビネーションで、どんどん進んでいます。△くんが4個目のフープに跳んだ瞬間に、フープを回すのがポイントのようです」
- 「海賊□ちゃんとママ海賊は、あとひと跳びで宝島です。あっ、着きました！ やったね！ 宝物は何でしょう？ 高く上げて、みんなにも見せてください」
- 「宝物を見つけたら、船に乗って帰ります。大事な宝物を落とさないように、気をつけてくださいね」

マット
宝箱

これを繰り返す

おみやげは保護者が持つ

※説明のイラストは誌面の都合上、距離感・形状などが実際とは異なります。あくまで目安としてお考えください。

ポイント&ヒント（裏ワザメモ）

- つなぐフープの数を増やすと動きがダイナミックになります。
- フープは3〜4回転したら、島に着くようにしましょう。
- 帰りは、保護者が跳んで、子どもにフープを回してもらってもよいでしょう。
- 頭にバンダナをかぶると、海賊気分が盛り上がります。

2歳 後半のころ

ジャンボサイコロ競争

親子競技

● 発達メモ・ねらい ●
①どれもふだんから楽しめる運動ですが、くじびきというゲーム性を持たせることで、より興味を持って取り組めます。
②期待感や想像力も高めます。

● 遊び方・進め方 ●
※スタートライン脇に、ほうき、タイヤ、三輪車を用意しておく。補助の保育者が2名待機（サイコロを観客に見せる人と用具を持ってくる人）。
①スタートラインにお立ち台を置き、子どもにサイコロを投げてもらいます。
②上になった面にかかれている絵で、走り方が決まります。
　コアラ→おんぶ　カンガルー→だっこ
　ペンギン→子どもを足にのせて歩く
　ほうき→魔女のように乗る　タイヤ→子どもをのせて引く
　三輪車→子どもがこいで、保護者は後押し
③カラー標識（コーン）を折り返して戻ってきてゴールイン。

スタンバイ　用意するもの
●段ボール箱●古タイヤ●ロープ●竹ぼうき●三輪車●お立ち台（積み木や踏み台など）●カラー標識（コーン）

スタンバイ　準備すること
●ジャンボサイコロを作ります。

サイコロの作り方
①大きめの段ボール箱を、正方形に縮めて、サイコロ型にする。正方形の箱ならそのまま使える。

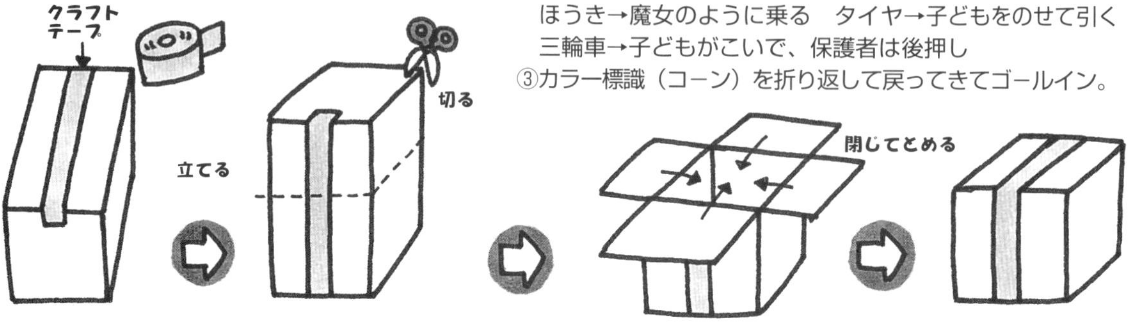

②画用紙に絵をかく。ほうき・タイヤ・三輪車　コアラ・カンガルー・ペンギン

③かいた絵をサイコロにはる。

●タイヤにロープをつけて、引っ張れるようにする。

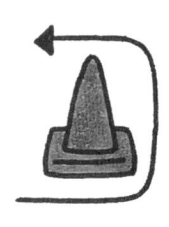

保育者の実況マイク

サイコロの絵によって内容が変わる、宝くじのような競技です。観客の関心はサイコロの絵に集中しがちですが、実は、投げ方が大切。投げるという動きは意外に高度だということを伝えて、注目してもらいましょう。

- 「第一走者は○ちゃんと△くんです。さあ、元気にサイコロを投げてもらいましょう。1・2の3！それっ」
- 「○ちゃんは、おしとやかにコロッと投げましたよ。△くんは、豪快にエイッと横投げしました。さあ、何が出たでしょうか？」
- 「◇くんは、オーバースローです。この年齢だと上から投げるのは難しいんですよ。ひょっとすると、将来、大リーガーかも」
- 「▲ちゃん、どうしたのかな？ きょうは調子が出ないようです。いつもは喜んで投げてくれるんですけどね。それじゃ、特別、パパに投げてもらいましょう」
- 「□くんは、大当たり。タイヤ引きです。ママが引くより、力持ちの□くんが引いたほうが早いかもしれませんね」
- 「◇ちゃんとパパは、ほうきに乗って魔女に変身です。二人とも、なかなかかっこいいですよ」
- 「▽くーん、ママにだっこされていいねぇ。もっと大きくなると、重くてだっこできなくなるから、今のうちにいっぱいだっこしてもらおうね」

※説明のイラストは誌面の都合上、距離感・形状などが実際とは異なります。あくまで目安としてお考えください。

三輪車

コアラ→おんぶ

カンガルー→だっこ

ペンギン→お母さんの足の上にのる

ポイント＆ヒント（裏ワザメモ）

- リレーではありませんから、前の親子が戻ってきて用具がそろってから次の親子がスタートしましょう。
- サイコロの絵が、観客から見えにくいと盛り上がりません。補助の保育者が、サイコロを持ち上げて見せたり、マイクで、何の絵か発表するとよいでしょう。
- 当たった内容によって、運動量に差が出ます。一番ハードな内容（タイヤ引き）に合わせて、距離を設定しましょう。

2歳 後半のころ

パズルでドンピシャ！
親子競技

スタンバイ 用意するもの
- 段ボール板（カード用）
- 色紙（25cmくらいのもの）5～6色

スタンバイ 準備すること
- マークカードを作ります。

カードの作り方
①段ボール板で1枚25cm×25cmのカードを作る。

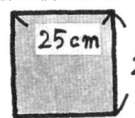

25cm×25cm 色紙をはる（両面とも同色で、のりを全面にぬって）

緑○　黄△　青□　赤♡　ピンク☆

②カードに5種類のマークをかき、切り抜く。枠と中身、両方使用する。

● 発達メモ・ねらい ●
①パズルは、形の認識力と集中力を育てます。2～3種類から始めて、慣れたら種類を増やしていきましょう。
②慣れないうちは、無理やり力づくではめ込もうとします。何度もやってみて、ぴったり合う楽しさを体験させましょう。

● 遊び方・進め方 ●
①親子で手をつないでスタートします。
②A地点で、マークカードの中身をひとつ選びます。
③B地点まで行き、選んだ中身に合う色の枠を探して、はめ込みます。
④はめ込んだパズルを持って、ゴールインします。

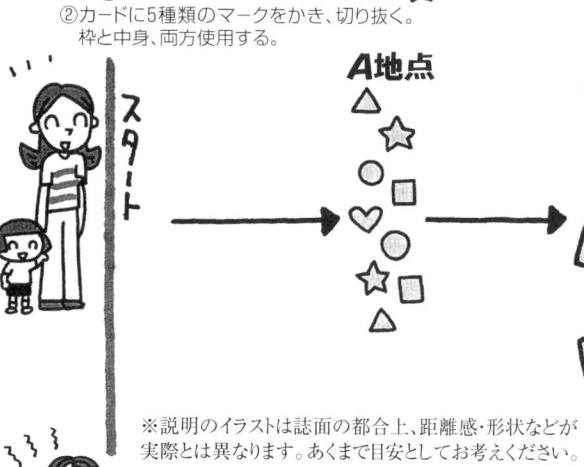

スタート → A地点 → B地点 → ゴール

※説明のイラストは誌面の都合上、距離感・形状などが実際とは異なります。あくまで目安としてお考えください。

はめこむ

保育者の実況マイク

保育室では喜んでやっていても、場所が変わると戸惑って、選べなくなる子どももいます。観客に、知能検査のような印象を与えないように、色や形の認識について楽しく解説しましょう。

- 「あらあら大変、パズルの中身と枠がバラバラになってしまいました。○○組のお友達に、ぴったり合う、ドンピシャのパズルを探し出してもらいましょう。あわてないで、よーく見て探してね」
- 「パズルの色は赤・緑・黄色・青・ピンクです。色を合わせたら、ピタッとはめられるかな」
- 「○ちゃんは、まっ赤なハートを選びましたよ。さあ、このマークがぴったり合う形はどこにあるかな？」
- 「△くんのママ、おせっかいはダメダメ。△くんは自分で探すのが好きなんですからね。教えたりすると、ごきげんななめになりますよ」
- 「□くんは、大好きなお星様マークを選びました。このマークが、最近のお気に入りなんですよ」
- ★「◇ちゃんは、赤い丸を緑の枠にはめ込みました。今、色違いにするのに凝っているんです。センスがいいのは、おしゃれなママに似たのかな」

ポイント＆ヒント（裏ワザメモ）
- 大きなパズルを作り、選んだマークをはめ込んで、みんなで絵や模様を作るのも楽しいでしょう。
- 形は丸だけで、色は自由でもおもしろいでしょう（上の★印の文例を参考にしてください）。
- 最後の子どもの選ぶカードが少なくならないように、人数分より多めに作っておきましょう。

2歳 後半のころ

たまごサンド
親子競技

● 発達メモ・ねらい ●
①ボールをはさむ動作と走る動作を同時に行なうことで、体の調整力を育てます。
②横向きでのかけ足は、バランスが大切。大人といっしょに楽しみながら、感覚をつかんでいきます。

● 遊び方・進め方 ●
①親子は向かい合って、おなかとおなかでボールをはさみます。手はお互いの背中に回します。
②合図で走り出します。ボールを落としたら、拾ってそこからやり直し。
③カラー標識（コーン）を折り返して、ゴールイン。

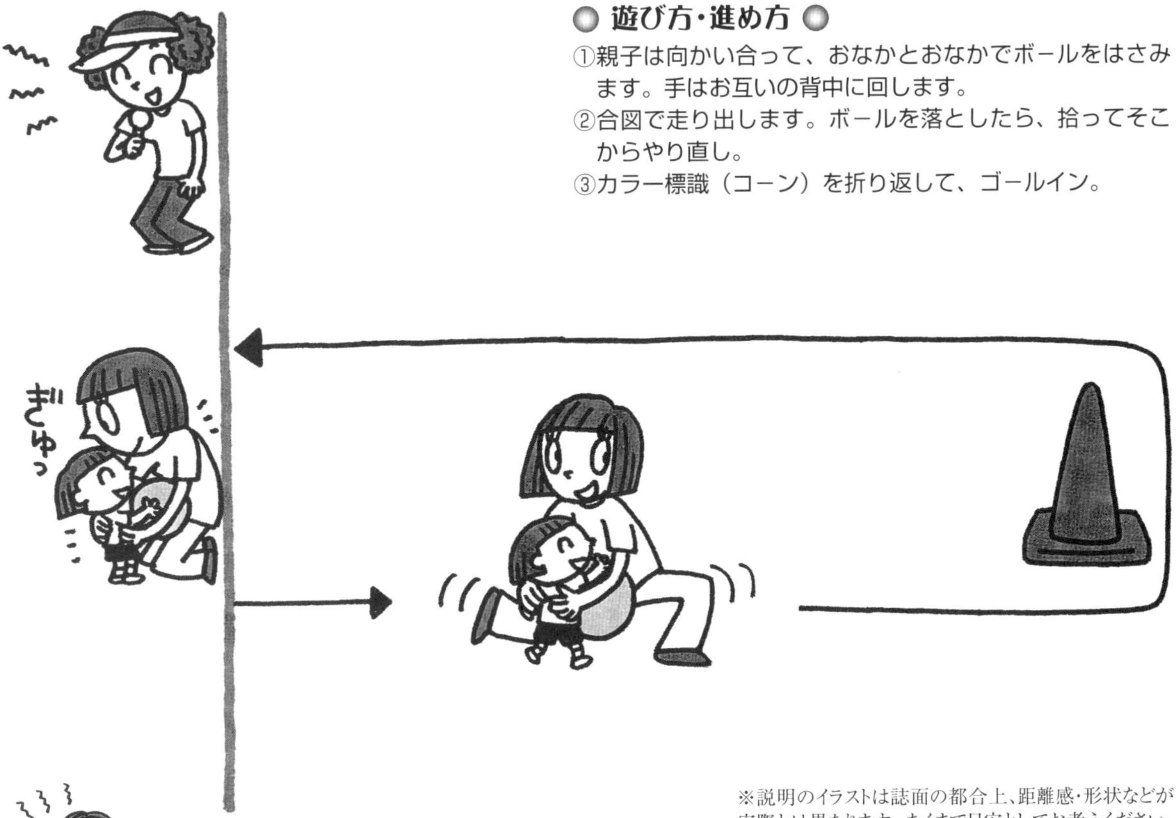

スタンバイ 用意するもの
●バレーボール ●カラー標識（コーン）

※説明のイラストは誌面の都合上、距離感・形状などが実際とは異なります。あくまで目安としてお考えください。

保育者の実況マイク

しっかり抱き合って走る姿がユーモラスな競技です。身長差が大きいほど、ボールがうまくはさまらないことや、横向きで走る難しさを伝えていきましょう。

- 「たまごサンドなんて、おいしそうな名前ですね。まんまるボールのたまごを、おなかとおなかではさんで走ります。大事なたまごを落とさないように、しっかりくっついて走ってくださいね」
- 「体は横向きなのに、前に走らなくてはいけません。まっすぐ走るのはじょうずになった○○組のお友達も、横向きで走るのはちょっと大変です。お父さん・お母さん、しっかり支えてあげてくださいね」
- 「○ちゃんと△くんがスタートしました。大きい○ちゃんパパは中腰スタイルでボールをはさんでいます。△くんママは小柄なので、ちょっとかがめばOKです」
- 「あっ、□くんチーム、ボールを落としてしまいました。急いで追いかけています。ちょっとスピードを出し過ぎたかな。◇ちゃんチームは、ゆっくりゆっくり進んでいます。どうやら、カメ作戦のようです」

ポイント＆ヒント（裏ワザメモ）
●おなかとおなかに慣れたら、背中と背中、おなかと背中も楽しいでしょう。 ●ボールのサイズを大きくすると難易度が上がります。 ●コースの途中に障害物を置いて、ジグザグに進んでもおもしろい（コーン・旗・箱など）。 ●お兄さん・お姉さん組といっしょにやってもいいです。

2歳 後半のころ

みんなでくりひろい
チーム対抗競技

● スタンバイ 用意するもの
●いろいろなサイズのボール ●ブルーシート ●大きなかご ●ハチマキ

● スタンバイ 準備すること
●ボールは広げたシートの上に、ばらまいておきます。
●かごは各チームひとつずつ用意し、チームカラーのリボンをつけます。

● 発達メモ・ねらい ●
①友達との関わりが育っていく年齢です。みんなで協力する楽しさを体験させましょう。
②どうしたらたくさんボールを集められるかを考えることで、思考力、集中力が育ちます。

● 遊び方・進め方 ●
①子どもたちは、チームカラーのハチマキをしめて入場します。
②合図があったら、シートの上にまかれたボールを拾い、自分のチームのかごまで運んで入れます。
③ボールを全部拾い終わったら終了。
④保育者が、各チームの集めたボールの数をかぞえて発表します。
⑤一番多くボールを集めたチームがチャンピオン。

※説明のイラストは誌面の都合上、距離感・形状などが実際とは異なります。あくまで目安としてお考えください。

保育者の実況マイク
一生懸命ボールを運ぶ姿がかわいい競技です。ボールの集め方や運び方に個人差があるので、個々の動きに注目してもらいましょう。

●「運動会といえば、秋。秋といえば栗拾いです。ほら、園庭の真ん中に、大きな大きな栗の木があらわれましたよ。えっ、何も見えないですか？ほーら、風が吹いて、おいしそうな栗の実が落ちているじゃないですか！　さぁ、○○組のお友達の栗拾いが始まりますよ」
●「ずいぶん大きな栗もありますねぇ。かごに入るかなぁ。たくさん集めたチームがチャンピオンですから、みんな、どんどん運んでくださいね」
●「さぁ、笛が鳴りました。各チーム、いっせいに動きだしました。○ちゃんは、いきなりボールをかき集めています。一度にたくさん集めて運ぶ作戦のようです」
●「△くんと□ちゃんは、一番大きな栗を転がしはじめました。とてもうれしそうです」
●「◇くんの動きはすばやいですね。シートとかごの間を何往復したでしょうか？　せっせと運んでいます」
●「▲くんは、余裕ですね。手を振っています。今日は、おじいちゃんとおばあちゃんも応援に来てくれています」

ポイント＆ヒント（裏ワザメモ）
●ひとつでかごがいっぱいになるサイズのボールも混ぜておくと楽しい。●3・4歳なら、ボールの種類でポイントを決め、合計点を競ってもよいでしょう（例 ピンポン玉…1点　紅白玉…2点　バレーボール…3点）。

2歳 後半のころ

気分はJリーガー
個人競技

スタンバイ　用意するもの
●段ボール箱　●ボール　●タイヤ

スタンバイ　準備すること
●即席サッカーゴールを作ります。

ゴールの作り方
①大きめの段ボール箱を図のように切る。 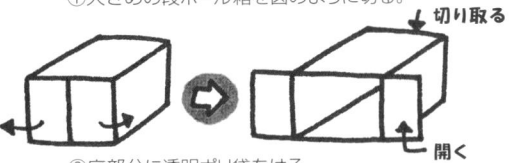
②底部分に透明ポリ袋をはる。

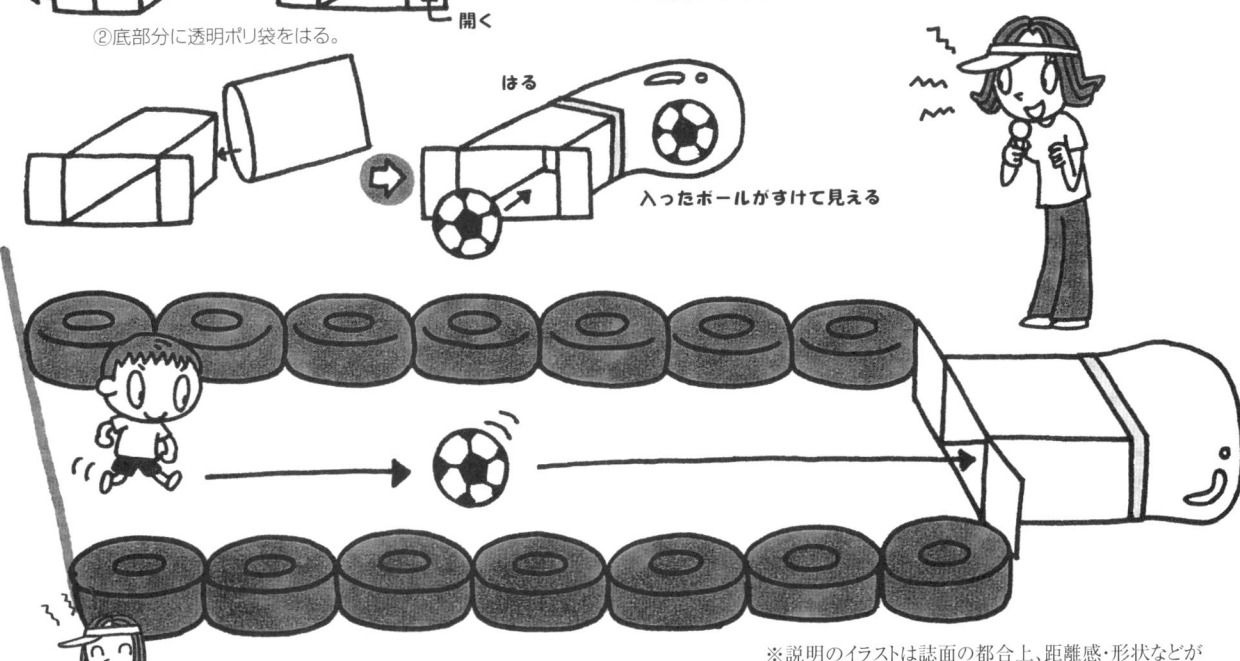

● 発達メモ・ねらい ●
①ボールをける動作は、体全体のバランス感覚が大切です。転がす・投げる・けるの順番で難易度が上がります。
②ねらいを定めてキックをすることで、集中力や洞察力が身につきます。

● 遊び方・進め方 ●
①スタートラインからサッカーゴールまで、タイヤを並べてコースを作っておきます。
②子どもはスタートラインからボールをけりながら進みます。
③サッカーゴールにボールをシュートしたら、そのまま走って戻ります。

※説明のイラストは誌面の都合上、距離感・形状などが実際とは異なります。あくまで目安としてお考えください。

保育者の実況マイク

ボールがうまくゴールするか、ハラハラドキドキする競技です。温かく見守る雰囲気作りをしましょう。

●「さぁ、ちびっこJリーガーの登場です。いつもは、おもちゃ箱をゴールに見立てて、元気にキックしているんですよ。きょうの調子はどうかな?」
●「大好きな年長組さんのまねをして始めたサッカーですが、最初は、ボールをけろうとしてしりもちをついたり、空振りして、ボールはそのままだったり、なかなかじょうずにキックできませんでした。でも今はすっかりJリーガー気分です」
●「さぁ、キックオフです。1番目は○くんと△ちゃん。まずは慎重なスタートです。ふたりともしっかりゴールをねらっていますよ」
●「□くん、あわてなくてもだいじょうぶだよ。みんな、応援してるからね。そう、ゆっくりゆっくり、その調子だよ」
●「◇ちゃん、シュート！あーっ、惜しい。ちょっと弱かったかな。ようし、もう一度やってみよう」
●「ゴール！　▽くん、ゴールです。やったね！▽くーん、応援したみんなに手を振ってあげて」

ポイント＆ヒント（裏ワザメモ）
●ボールがサッカーゴールに入るまで、何度でもトライしましょう。●もしもボールが、タイヤを越えて転がったときは、保育者がコースに戻してあげましょう。●フェイスペインティグの気分で、ホッペにシールをはるとかわいい（国旗・星・花など）。

〈著者紹介〉
わたなべ めぐみ
童話作家・文京学院大学人間学部千葉経済大学短期大学部
童話創作と絵本研究をしながら、保育者として絵本を活用する保育活動を長年実践。その経験を生かした著作を執筆するかたわら、大学や保育者向け研修会において、後進の指導にあたっている。著書に『絵本であそぶ12か月／保育に生かす絵本ガイド』『月刊絵本Q&A101』（チャイルド本社）、『低年齢児の劇ごっこ集』『信頼関係が築ける保護者との話し方』『0〜5歳児・年齢別★4〜3月・12か月分 連絡帳の書き方・文例集』（ひかりのくに）、『ちょっとずつ変化の壁面構成』（草土文化）、童話作品に『よわむしおばけ』シリーズ（理論社）、『ヤマガタ博士の昆虫事件簿』シリーズ（草土文化）などがある。

JASRAC　出0206043-713

参考図書
『0〜5歳児のふれあい運動会種目集』田村忠夫・著、ひかりのくに刊
『もっと素敵に運動会』片山喜章・著、ひかりのくに刊

低年齢児の発達に合わせて考えられる
0・1・2歳児の運動会プログラム集
〜盛り上がる実況マイク中継の文例満載!!〜

2002年6月　初版発行
2017年7月　13版発行

著　者　わたなべ　めぐみ
発行人　岡本　　功
発行所　ひかりのくに株式会社

〒543-0001　大阪市天王寺区上本町3-2-14　郵便振替00920-2-118855　TEL06-6768-1155
〒175-0082　東京都板橋区高島平6-1-1　郵便振替 00150-0-30666　TEL03-3979-3112
ひかりのくにホームページアドレス　http://www.hikarinokuni.co.jp
印刷所　大日本印刷株式会社
Printed in Japan
©2002　乱丁、落丁はお取り替えいたします。　ISBN978-4-564-60107-1

本書のコピー、スキャン、デジタル化等の無断複製は著作権法上での例外を除き禁じられています。本書を代行業者等の第三者に依頼してスキャンやデジタル化することは、たとえ個人や家庭内の利用であっても著作権法上認められておりません。